Barbara Ehrenreich / Deirdre English

# *Zur Krankheit gezwungen*

Eine schichtenspezifische Untersuchung der
Krankheitsideologie als Instrument zur Unterdrückung der Frau im 19. u. 20. Jahrhundert
am Beispiel der USA

Verlag Frauenoffensive

Aus dem Amerikanischen übersetzt von Martina Weitsch

3. Auflage, 1982
© 1974 Barbara Ehrenreich und Deirdre English
Erstveröffentlichung von „The Feminist Press",
Box 334, Old Westbury, New York 11568
Originaltitel: Complaints and Disorders.
The Sexual Politics of Sickness.

© deutsche Übersetzung Verlag Frauenoffensive, München 1976

ISBN 3-88104-009-9

Druck: Werkstätten für Behinderte, Abt. Druck- und Verlagshaus
Bauland Hohenlohe, Krautheim/Jagst
Umschlaggestaltung: Elisabeth Petersen, München

## Inhalt

4 **Einführung**
Ein Hinweis auf die gesellschaftliche Rolle der Medizin

11 **Frauen und Medizin im späten 19. und frühen 20. Jhdt.**
Geschichtlicher Hintergrund

16 **Die ‚kranken' Frauen der oberen Mittelschicht**
19 Die Kultivierung weiblicher Invalidität
23 Die Ärzte verdienen gut an der Krankheit der Frauen
27 Die ‚wissenschaftliche' Erklärung weiblicher Zerbrechlichkeit
31 Die Psychologie der Eierstöcke
33 Die Behandlung
40 Ihre Rolle als Kranke kann die Frau auch untergraben

47 **Die ‚ansteckenden' Frauen der Arbeiterklasse**
54 Biologischer Klassenkrieg
58 Eine besondere Gefahr: Die Arbeiterin
63 Prostitution und Geschlechtskrankheiten
67 Die Mittelklasse macht Front: Volksgesundheit
72 Die Mittelklasse macht Front: Geburtenkontrolle
76 Frauen arbeiten am ‚sozialen Aufstieg' von Frauen

81 **Einige Bemerkungen zur heutigen Situation**

89 **Wie geht es weiter? Abschließende Gedanken**

96 Bibliografische Angaben

# Einführung

## Ein Hinweis auf die gesellschaftliche Rolle der Medizin

Der medizinische Apparat ist für die Befreiung der Frauen strategisch wichtig. Er überwacht den technischen Bereich der Fortpflanzung — Geburtenkontrolle, Abtreibung und die technischen Hilfsmittel für sichere Geburten. Er verspricht uns die Befreiung von hunderten von Ängsten und Leiden, die Frauen in der Vergangenheit behindert haben. Wenn wir die Kontrolle über unseren eigenen Körper fordern, so richten wir diese Forderung in allererster Linie an den medizinischen Apparat. Er hat die Schlüsselposition.

Aber der medizinische Apparat ist auch strategisch wichtig für die Unterdrückung der Frauen, die Medizin ist eine der mächtigsten Quellen sexistischer Ideologie in unserer Kultur gewesen. Rechtfertigungen für geschlechtsspezifische Benachteiligungen — in Ausbildung, Beruf und öffentlichem Leben — müssen letztendlich in dem begründet sein, was Frauen von Männern unterscheidet: in ihrem Körper. Im Grunde beruhen die Theorien über die Überlegenheit des Mannes auf der Biologie.

Die Medizin steht zwischen der Biologie und der Gesellschaftspolitik, zwischen der geheimnisvollen Welt der Laboratorien und dem täglichen Leben. Sie erstellt die allgemeinen Interpretationen biologischer Theorie und verteilt die Früchte wissenschaftlichen Fortschritts. Die Biologie entdeckt Hormone — Ärzte entscheiden darüber, ob ‚hormonelle Unausgeglichenheit' Frauen für öffentliche Ämter unfähig macht. Allgemeiner noch: Biologen erforschen die Ursache von Krankheit — Ärzte entscheiden, wer krank ist und wer nicht.

**Der primäre Beitrag der Medizin zur sexistsichen Ideologie war, Frauen als krank darzustellen und zu behaupten, daß sie Männer krank machen können.**

Natürlich hat die Medizin den Sexismus nicht erfunden. Die Meinung, daß Frauen ‚kranke' oder defekte Varianten von Männern seien, besteht seit Adam und Eva. In der Tradition des westlichen

Gedankenguts steht der Mann für Ganzheit, Stärke und Gesundheit. Die Frau ist ein mißgebildeter Mann, schwach und unvollständig. Seitdem Hippokrates die ‚beständige Kränklichkeit' der Frauen bejammerte, hat die Medizin nur noch die vorherrschende Ansicht der Männer widerhallen lassen: sie hat Schwangerschaft und Wechseljahre als Krankheiten, Menstruation als chronische Störung und die Geburt als chirurgischen Eingriff behandelt. Dennoch hat die ‚Schwäche' der Frau sie nie vor harter Arbeit geschützt; ihre ‚Instabilität' hat niemals verhindert, daß ihr die ganze Verantwortung für das Aufziehen der Kinder gegeben wurde.

In der Psychologie des Sexismus ist Verachtung immer mit **Angst** gepaart. Wenn Frauen krank sind, besteht ja immer die Gefahr, daß sie Männer anstecken könnten. Tabus für die Zeit der Menstruation und kurz nach der Geburt, die dazu dienen, die Männer vor der weiblichen ‚Unreinheit' zu schützen, gibt es in fast allen menschlichen Gesellschaften und sind, was nicht überrascht, in den patriarchalischsten am strengsten. In der Vergangenheit bestätigte die Medizin die Gefahren, die von Frauen ausgehen, indem sie die Frauen als Quelle der Geschlechtskrankheiten bezeichnete.

Heutzutage werden wir eher als eine Gefahr für die geistige und

Frühchristlicher Prediger

seelische Gesundheit betrachtet — wir entmännlichen Männer und beherrschen unsere Kinder in zerstörerischer Weise.

Die Medizin hat ihre Stellung als Hüter der sexistischen Ideologie von der Religion geerbt. In frühen christlichen Schriften werden Frauen andauernd als den Männern geistig Unterlegene gebrandmarkt, deren ansteckende Sexualität Männer in das Reich der Leidenschaft hinunterzuziehen vermag. „Jede Frau sollte bei dem Gedanken, daß sie eine Frau ist, schamrot werden", schrieb Clemens von Alexandria (150-215 n.Chr.). Und St. Johannes Chrysotom (347-407 n.Chr.) — ein früher Kirchenvater, der einmal eine Frau von einem Felsen stürzte, um zu zeigen, daß er nicht in Versuchung zu führen sei — sagte: „Unter allen wilden Tieren gibt es kein so schädliches wie die Frau." Im mittelalterlichen Europa war es die Kirche, die die Regeln aufstellte, nach denen die Fortpflanzung der Frau zu verlaufen hatte. Sie machte die Gesetze über Abtreibung und Empfängnisverhütung und sie verschrieb auch die Kräuter, die benutzt werden durften, um die Wehen zu lindern. Sie verweigerte den Frauen die Sakramente während der Menstruation und in den Wochen nach der Entbindung. Sie hatte die Kontrolle darüber, wer Hebamme, und in manchen Fällen sogar, wer Arzt sein durfte.

Der amerikanische Protestantismus widersetzte sich auch der Legalisierung von Verhütungsmitteln und Abtreibung und sogar der Verwendung von Betäubungsmitteln während der Wehen. Aber im allgemeinen hatte er eine günstigere und väterlichere Einstellung Frauen gegenüber. Er gestand ihnen Geistigkeit zu, wenn auch auf Kosten ihrer Sexualität. Er gestand ihnen ‚Gleichheit' zu, solange sie in ihrem „gottgegebenen Bereich', dem Haushalt blieben. Und, im Gegensatz zum Katholizismus, war der Protestantismus gewillt, sich mit der Wissenschaft zu verbünden, um die ‚natürliche Ordnung' der Dinge zu entdecken und zu erhalten. Religiöse Führer des 19. Jahrhunderts ergänzten gern die religiösen Rechtfertigungen des Sexismus mit neu entwickelten biomedizinischen. Langsam aber sicher gewannen die bei der Frau vorausgesetzten körperlichen Mängel gegenüber ihrer moralischen Unzulänglichkeit als Erklärung der männlichen Überlegenheit die Oberhand. Die Säkularisierung der männlichen Vorherrschaft ist in den letzten paar Jahrzehnten rasch vorangegangen: Verhütung ist legal, **wenn der Arzt sie verschreibt**. Abtreibung ist keine moralische Ausschreitung mehr, sondern eine Angelegenheit, **„die die Frau und ihren Arzt** angeht".

Folglich ist es kein Zufall, daß die Frauenbewegung heute den Fragen, die den Körper und die medizinische Versorgung angehen, soviel Bedeutung beimißt. Frauen sind von dem medizinischen Apparat abhängig, wenn es um die grundlegende Kontrolle über ihre Fortpflanzung geht. Andererseits erlebt jede Frau in der Begegnung mit der Medizin den Sexismus direkt in seiner gröbsten und verletzendsten Form.

Unsere Motivation, dieses Buch zu schreiben, ist in unseren eigenen Erfahrungen als Frauen, die die Gesundheitsfürsorge in Anspruch nehmen, und als Frauen aus der Frauen- und Gesundheitsbewegung begründet. Während wir schrieben, haben wir uns bemüht, über unsere eigenen Erfahrungen (und unseren Ärger) hinauszublicken und den medizinischen Sexismus als eine gesellschaftliche Macht zu verstehen, die dazu beiträgt, die Möglichkeiten und die Rollen aller Frauen zu formen.

Unser Ansatz ist größtenteils historisch. In den ersten Kapiteln des Buches versuchen wir, den Beitrag der Medizin zur sexistischen Ideologie und zur sexuellen Unterdrückung während des späten 19. und frühen 20. Jahrhunderts zu beschreiben (das umfaßt etwa die Zeit von 1865 bis 1920, obwohl einige der wichtigen medizinischen Fachbücher schon vor dieser Zeit geschrieben worden waren). Wir haben diesen Zeitabschnitt gewählt, weil gerade damals ein eindeutiger Übergang von einer religiösen zu einer bio-medizinischen Begründung des Sexismus stattfand, und weil damals die Medizin in der Form, in der wir sie heute kennen, als Beruf entstand, als eine männliche Elite nämlich, mit einem rechtlich abgesicherten Monopol auf die Ausübung der Medizin. In den letzten beiden Kapiteln versuchen wir, diese Erkenntnis auf unsere heutige Situation und die uns betreffenden Probleme anzuwenden.

Wir möchten klarstellen, daß wir weder angestrebt haben, eine vollständige Sozialgeschichte der Frau in der Medizin in Amerika zu schreiben, noch daß wir versucht haben, eine objektive Einschätzung der Gesundheit der Frau und der Qualität ihrer medizinischen Behandlung, in der Vergangenheit oder heute, zu machen. Unser Interesse bezieht sich vor allem auf die medizinischen **Vorstellungen** von Frauen, insbesondere auf jene, von denen **wir uns** direkt betroffen fühlten, und die unseren Zustand zu erklären schienen. Wir vertrauten darauf, daß ihr unsere Arbeit nicht als endgültige Aussage betrachten werdet, sondern als Anstoß, weiterzumachen.

In diesem Buch beziehen wir uns auf Frauen in ihrer Beziehung zu medizinischer Praxis und Theorie. Aber der Zusammenhang geht weit über die Medizin hinaus und umfaßt alle unterdrückten Gruppen. In der historischen Zeit, die wir hier betrachten, wurde die Wissenschaft im allgemeinen als Autorität zur Rechtfertigung sozialer Ungerechtigkeiten auf Grund von Rasse, Klasse und Geschlecht mißbraucht. Die industrielle Technik – und die Arbeit vieler Millionen Arbeiter und Arbeiterinnen – schufen den Reichtum der Führungselite, die noch immer Amerika regiert. Wenn die Technik in der Lage war, einige Männer reich und mächtig zu machen, so mußte die **Wissenschaft** ganz sicher diese Macht rechtfertigen können.

Rassismus und Sexismus lagen gleichermaßen nicht mehr im Bereich der Vorurteile, sondern waren durch die Erkenntnisse der ‚objektiven' Wissenschaft gesichert. Schwarze und europäische Immigranten wurden als den weißen, angelsächsischen Protestanten von Natur aus unterlegen bezeichnet, weil sie kleinere Gehirne, größere Muskeln und eine ganze Reihe ‚ererbter' sozialer Eigenheiten hatten.

Rassismus und Klassismus waren genauso wenig unmoralisch wie Sexismus; sie waren nur ‚natürlich'.

Während dieser Übergangsphase waren Moral und Wissenschaft

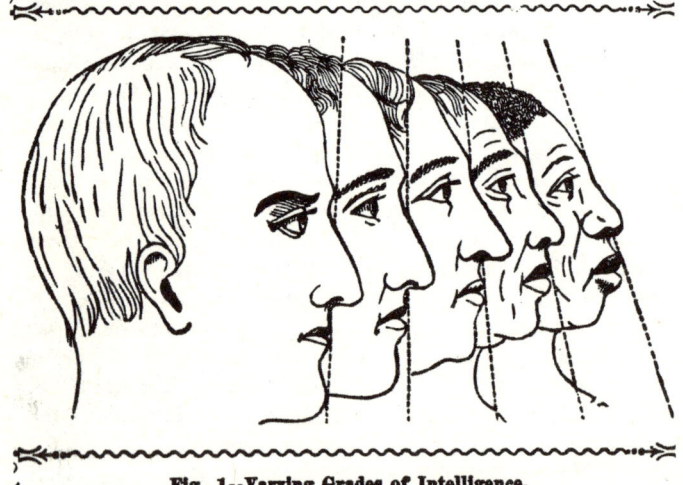

**Fig. 1--Varying Grades of Intelligence.**

Wissenschaftliche Veranschaulichung ethnischer Unterschiede aus dem Jahr 1891

in der Herrschaftsideologie immer noch gemischt. Wissenschaftler glaubten, daß soziale Eigenschaften — wie die Trägheit der Schwarzen und die Unordentlichkeit irischer Immigranten — erblich seien. Gesundheitsfürsorger sprachen von „Gottes Hygienegesetzen" und die Ärzte betrachteten sich sowohl als seelische wie auch als körperliche Bewacher der Frau. Heute ist der Übergang sozusagen vollzogen: die Wissenschaft braucht keine Unterstützung mehr von der Kanzel. Wenn sie heute über den Intelligenzquotienten Schwarzer oder über die schon vor der Geburt festgelegten psychologischen Unterschiede zwischen den Geschlechtern urteilt, ist sie nur ‚objektiv'. Das Verbleichen der letzten Spuren religiösen Moralismus aus der wissenschaftlichen Ideologie hat sie nur noch mehr mystifiziert und sie dadurch als mögliches Herrschaftsinstrument umso wirksamer gemacht. Wir hoffen, daß dieses Buch dazu beiträgt, das Selbstvertrauen und die Fähigkeiten zu schaffen, die nötig sind, um die ‚rationale, wissenschaftliche' Tarnung der Mächtigen zu durchschauen.

Aus dem Bettmann Archiv

Müllsammlerin und wohlhabende Passantin, 1875

# Frauen und Medizin im späten 19. und frühen 20. Jahrhundert

## Geschichtlicher Hintergrund

Die Frauen sind keine ‚Klasse'; sie werden nicht alle in gleicher Weise unterdrückt; sie erfahren den Sexismus nicht alle auf die gleiche Weise. In der Zeit zwischen 1865 und 1920 waren die Klassenunterschiede zwischen den amerikanischen Frauen besonders groß: der Lebensstil, die Gepflogenheiten und die Erwartungen der Frauen der oberen Mittelschicht hatten wenig mit denen der Arbeiterinnen zu tun. Es war eine Zeit der rapiden Industrialisierung, Verstädterung und Klassenpolarisierung, die sich auf alle Amerikaner auswirkte. In den großen Städten — und hier beschäftigen uns hauptsächlich die Städte, wo ja die Trends der Medizin entwickelt wurden — begannen zwei Klassen, die im wesentlichen für die amerikanische Gesellschaft neu waren, das Bild zu beherrschen: eine obere Mittelschicht, deren Reichtum sich auf Handel und Industrie stützte, und eine Industriearbeiterklasse, deren Arbeit diesen Reichtum schuf. (1)

Die gesellschaftliche Rolle der Frauen dieser beiden Klassen war fast diametral verschieden voneinander. Für die reichen Frauen schrieb die Gesellschaft ein Leben lässiger Trägheit vor; den Arbeiterfrauen verschrieb man Schwerstarbeit. Eine **einzelne** Ideologie des Sexismus kann diese beiden Wirklichkeiten nicht umfassen oder gar beide sozialen Rollen rechtfertigen. Folglich mußte die bio-medizinische Theorie zwei unterschiedliche Anschauungen über Frauen produzieren: eine für die obere Mittelschicht (und die Mittelschicht, die sich emporzuarbeiten versuchte), und eine für die Arbeiterklasse.

(1) Es ist wichtig, nicht unsere Vorstellungen von Klasse auf die Klassen des 19. und frühen 20. Jahrhunderts zu projizieren. Die Arbeiterklasse der Städte hatte nichts mit dem Archie Bunker-Bild von heute zu tun (das ja auch heute nicht stimmt). Die meisten waren europäische Immigranten und sehr arm, sogar an den damaligen Maßstäben gemessen. Sie hatten etwa den Status der armen Schwarzen, die heute in den Großstädten leben.

Es war so, als ob es zwei verschiedene Arten der weiblichen Rasse Mensch gäbe. Reiche Frauen wurden als von Natur aus krank angesehen, und sie waren für alles außer dem zartesten Zeitvertreib zu schwach, während von den Arbeiterinnen angenommen wurde, daß sie natürlich gesund und robust seien. Die Wirklichkeit sah ganz anders aus. Arbeiterinnen, die sehr lange Arbeitszeiten hatten und die ungenügend Ruhe und schlechte Ernährung bekamen, litten weitaus mehr unter ansteckenden Krankheiten und Geburtskomplikationen als die reichen Frauen.

Aber die Ärzte stellten einfach die Wirklichkeit auf den Kopf und befanden das ‚zivilisierte', leichte Leben der oberen Mittelschicht für gesundheitsschädlicher und für medizinisch interessanter als harte Arbeit und Not und Entbehrung. Dr. Lucien Warner, eine bekannte medizinische Autorität (2), schrieb 1874: „Es ist also nicht die harte Arbeit und Entbehrung, die die Frauen unseres Landes krank macht, sondern die Umstände und Gewohnheiten der sog. Segnungen des Reichtums und des Wohlergehens." In ei-

(2) Wir haben uns entschieden, nur die Ärzte zu zitieren, die einigermaßen represäntativ erscheinen, so wie wir das aufgrund unserer Lektüre der in der New York Academy of Medicine vorhandenen gynäkologischen Werke beurteilen können.

For Chilblains, Chaps, Roughness, Red Noses, Coughs, and Colds in the Head, Homocea stands unrivalled as a universal and permanent cure and preventative. The scantiest application generally gives relief.

*Anm.d.Übs.: Homocea heilt Erkältungen*
*Homocea ist unangefochtenermaßen das beste Heilmittel gegen Erkältungserscheinungen: aufgesprungene Lippen, rauhen Hals, Schnupfen, Husten und Kopfgrippe. Die sparsamste Anwendung gibt schon Erleichterung.*

nem Artikel über Hauspersonalmangel schrieb ein zeitgenössischer Journalist in „The Nation" 1912:

*Es könnte sich auf die Gesundheit der Frau vielleicht ganz günstig auswirken, wenn sie ihren Fußboden fegt, ihr Bett macht, ihr Empfangszimmer staubwischt und selber kocht; aber die Verminderung ihrer körperlichen Kräfte ist durch die Zivilisation so weit getrieben worden, daß es Jahrzehnte des Golfspielens, Ruderns, Schwimmens brauchen wird, um ihrem Geschlecht die Kraft vergangener Zeiten wiederzugeben, in denen häusliche Tugend mit häuslicher Arbeit einherging.*

**Irgendjemand** mußte jedoch gesund genug sein, um die Arbeit zu tun, und die Arbeiterinnen, so bemerkte Dr. Warner mit Erleichterung, waren nicht krank: „Die afrikanische Negerin, die neben ihrem Mann in den Feldern des Südens schuftet, und Bridget, die wäscht und scheuert und sich in unseren Häusern im Norden abplackt, erfreuen sich größtenteils guter Gesundheit und sind vergleichsweise immun gegen uterine Krankheiten."

Aber obwohl ‚Bridget' und ‚Beulah' nicht zu krank waren, um die Haus- und Fabrikarbeit zu machen, **waren sie dennoch** nicht gesund — mindestens in den Augen der oberen Mittelschicht, die die Immigranten und Schwarzen als von Geburt dreckig und möglicherweise ansteckend beschrieb. Vielleicht fiel die Arbeiterin nicht in Ohnmacht, vielleicht litt sie nicht an ‚uterinen Krankhei-

ten', aber selbstverständlich hatte sie Bakterien an sich und übertrug Typhus, Cholera und Geschlechtskrankheiten. Darüberhinaus wurde sie in ihrer Funktion als Gebärende als Gefahr für die allgemeine Gesundheit angesehen, da sie ja die amerikanische ‚Rasse' mit ihrer ‚minderwertigen' Nachkommenschaft zersetzte.

Dem allen lagen zwei alte Zweige sexistischer Ideologie zugrunde: Geringschätzung der Frau als schwach und kränklich und Angst vor der Frau als gefährlich und verseuchend. Hier sehen wir beide getrennt und auf die armen, bzw. reichen Frauen angewandt. Die Frauen der oberen Mittelschicht und der Oberschicht **waren** krank; die Arbeiterinnen **machten** andere krank. In den folgenden Kapiteln betrachten wir zuerst die Frauen der oberen Mittelschicht, die ‚kranken' Frauen also, ihr Verhältnis zur Medizin und die Ideologie, die auf sie angewendet wurde; dann schauen wir uns die bio-medizinische Theorie über die Arbeiterklasse an, besonders in Bezug auf die Frauen der Arbeiterklasse.

# Die ‚kranken' Frauen der oberen Mittelschicht

Die begüterten Frauen lebten normalerweise ein zurückgezogenes Leben innerhalb des Hauses, nähten, zeichneten, lasen Novellen, planten Menus und bewachten die Dienerschaft und die Kinder. Ihre Kleidung, eine Art tragbares Gefängnis aus engen Korsetts und langen Röcken, verhinderte jegliche Aktivität, die lebhafter als ein Sonntagsnachmittagsspaziergang war. Die Gesellschaft gab zu, daß sie zerbrechlich und kränklich waren. Ihre zarten Nerven mußten genauso sorgsam behütet werden wie ihre Körper, da schon der leichteste Schock sie ans Bett fesseln konnte. Obwohl sie eine sehr schöpferische Frau war, verbrachte zum Beispiel Elisabeth Barrett Browning sechs Jahre im Bett, nachdem sie vom Tode ihres Bruders erfuhr, der bei einem Schiffsunglück ums Leben gekommen war.

Aber nicht einmal die behütetsten Frauen lebten in einem luftleeren Raum. Direkt vor der Tür ihres erstickenden Wohnzimmers und ihres Damenzimmers lag eine Welt des industriellen Schreckens. Es war die Zeit der amerikanischen industriellen Revolution, einer Revolution, die auf unbarmherziger Ausbeutung der Arbeiterklasse aufbaute. Frauen und kleine Kinder von sechs Jahren an arbeiteten bis zu 14 Stunden täglich in Fabriken unter fürchterlichen Bedingungen, und das, um weniger als das Existenzminimum zu verdienen. Die Kämpfe der Arbeiter waren gewaltsam und grenzten manchmal an Bürgerkriege. Für die Geschäftsleute war das Überleben auch ein bitterer Kampf: man holte das letzte aus den Arbeitern, betrog die Konkurrenz, und den Schwächsten bissen die Hunde. Man machte sein Glück über Nacht und verlor es ebenso schnell, und mit ihm verschwand das Glück tausender anderer kleiner Geschäftsleute.

Die nichtstuende feine Dame war nicht einfach eine Anomalie in einer Gesellschaft, in der ansonsten jeder des anderen Wolf war. Sie war genauso ein Produkt dieser Welt wie ihr Mann und dessen Angestellte. Es war eben der Reichtum, gewonnen im harten Kampf gegen die feindliche Welt, die den Mann in die Lage versetzte, sich eine gänzlich nichtstuende Frau zu leisten. Sie war der gesellschaftliche Schmuck, der seinen Reichtum dokumentierte: ihre Muße, ihre Zartheit, ihr kindliches Unwissen über die ‚Wirklichkeit' gaben dem Mann das ‚gewisse Etwas', das Geld allein nicht verschaffen konnte. Und es war gerade die Härte des Überlebenskampfes, die die Männer das Zuhause als Zuflucht betrachten ließ — als ‚einen heiligen Ort, einen reinen Tempel', als ‚ein Zelt inmitten einer ungerechten Welt', — über die eine zarte Ehefrau sanft regiert. In der wohlhabenden Schicht klafften die Welten der Geschlechter immer weiter auseinander, und die Maßstäbe für Anstand, Gesundheit und sogar Moral wurden immer unterschiedlicher.

Es gab Ausnahmen unter den Frauen der Oberschicht. — Frauen, die gegen die erzwungene Untätigkeit und die Begrenzung nützlicher Arbeit rebellierten — und es sind diese Ausnahmefälle, von denen in Geschichtsbüchern gesprochen wird. Viele von ihnen wurden Frauenrechtlerinnen oder Sozialreformerinnen. Einige ganz mutige brachten es sogar beruflich zu etwas. Und gegen Ende des 19. Jahrhunderts forderte und bekam eine wachsende Zahl von ihnen höhere Bildung. Aber die Mehrheit der Oberschichtfrauen hatte kaum eine Chance, sich ein eigenes Leben zu schaffen; sie

waren finanziell von Ehemännern oder Vätern abhängig. Zumindest nach außen mußten sie ihre Rolle pflichtschuldig akzeptieren und das Haus hüten, weiße Handschuhe tragen und zur Zierde gereichen. Natürlich konnten sich nur wenige Städterinnen ein völlig untätiges Leben leisten, aber eine sehr große Zahl der Frauen aus der Mittelschicht strebten ein solches Leben an und taten ihr Bestes, um ‚Damen' zu sein.

## Die Kultivierung weiblicher Invalidität

Die Langeweile und Abgeschlossenheit reicher Ehefrauen förderte einen morbiden Kult des Krankheitswahnes — ‚weibliche Invalidität' — der ungefähr um die Mitte des vorigen Jahrhunderts begann und bis in das erste Jahrzehnt dieses Jahrhunderts andauerte. Krankheit beherrschte das Leben der Frau der Oberschicht. Badekurorte und Frauenspezialisten gab es plötzlich überall, und die Damen der Gesellschaft suchten sie regelmäßig auf. Außerdem erschien um die Mitte des vorigen Jahrhunderts eine Flut von popularmedizinischen Büchern, die sich alle mit der weiblichen Gesundheit beschäftigten. Die Literatur, die sich an einen weiblichen Leserkreis wandte, beschäftigte sich mit dem romantischen Pathos von Krankheit und Tod; Frauenzeitschriften brachten Geschichten wie „Das Grab meines Freundes" und „Lied des Sterbens". Blässe und Mattigkeit (zusammen mit hauchdünnen Hauskleidern) wurden modern. Es war akzeptabel, ja sogar vornehm, sich mit ‚Migräne', wegen der ‚Nerven' oder einer Unzahl rätselhafter Wehwehchen zu Bett zu begeben.

Als Antwort darauf taten Feministinnen und Ärztinnen ihren Unmut über die chronische Kränklichkeit reicher Frauen kund. Dr. Mary Putnam Jacobi, eine hervorragende Ärztin des ausgehenden 19. Jahrhunderts, schrieb 1985:

*(...) es wird als natürlich und geradezu ehrenhaft angesehen, unter allen möglichen Arten von Beanspruchung zusammenzubrechen — eine winterliche Zerstreuung, ein Haus voll Bediensteter, ein Streit mit einer Freundin, gar nicht zu reden von legitimeren Gründen ... Frauen, die normalerweise während der Menstruation ins Bett gehen, brechen eben zusammen, wenn sie sich zufällig während einer solchen Krise einige Stunden außerhalb des Bettes aufhalten. Dadurch, daß sie sich dauernd über ihre Nerven Sorgen machen — auf Anweisung von wohlmeinenden, aber kurzsichtigen Beratern — sind sie wirklich nur mehr ein Nervenbündel.*

Charlotte Perkins Gilman, eine feministische Autorin und Volkswirtin, bemerkte verbittert, daß die amerikanischen Männer „eine Art von Frau gezüchtet haben, die schwach genug ist, daß man sie wie ein Invalide herumreichen kann, oder die geistig schwach genug ist, um so zu tun — um daran Gefallen zu finden."

Rückblickend ist es unmöglich zu beurteilen, wie krank die Frauen der oberen Mittelschicht und der Oberschicht wirklich waren. Die Lebenserwartung war für Frauen im allgemeinen etwas höher als für Männer, aber der Unterschied war nicht annähernd so groß wie heutzutage.

Tatsache ist allerdings, daß Frauen — und zwar alle Frauen — Risiken eingehen mußten, die für Männer gar nicht oder nicht im selben Maße bestanden. Zunächst waren da die Risiken, die mit dem Gebären zu tun hatten, die besonders in einer Zeit primitiver Entbindungsmethoden, in der wenig über die Bedeutung der Ernährung vor der Geburt bekannt war, sehr groß waren. 1915 (das erste Jahr, für das es nationale Statistiken gibt) starben 61 Frauen pro 10 000 lebendgeborener Babies, im Vergleich zu 2 pro 10 000 heute; und wir können davon ausgehen, daß die Müttersterblichkeit vor 1900 zweifellos höher war. Ohne zuverlässige bzw. normalerweise ohne irgendwelche Verhütungsmittel mußte eine verheiratete Frau erwarten, den Risiken des Gebärens mehrmals während ihrer fruchtbaren Jahre ausgesetzt zu sein. Nach jeder Geburt war die Möglichkeit gynäkologischer Komplikationen gegeben, zum Beispiel ein Prolaps der Gebärmutter oder ein irreparabler Dammriß, die ihr für den Rest ihres Lebens verbleiben würden.

Ein weiteres besonderes Risiko für Frauen war Tuberkulose, die ‚weiße Pest'. In der Mitte des 19. Jahrhunderts griff eine TB-Epidemie um sich, und die Krankheit war bis ins 20. Jahrhundert hinein eine ernste Gefahr. Jeder war betroffen, aber Frauen, insbesondere junge Frauen, waren besonders gefährdet, und es starben oft doppelt so viele Frauen wie Männer ihrer Altersgruppe. Von hundert Frauen, die 1865 zwanzig waren, waren zehn Jahre später fünf tot und weitere zwanzig Jahre später waren es mehr als acht. (Heute glaubt man, daß hormonelle Veränderungen während der Pubertät und Schwangerschaft die größere Gefährdung junger Frauen bedingten).

Die Gefahren des Gebärens und der TB müssen das Leben der Frauen in einer Weise überschattet haben, die wir uns nicht mehr vorstellen können. Aber diese Gefahren können nicht das kulturelle Phänomen ‚weiblicher Invalidität' erklären, das, im Gegensatz zu TB und Müttersterblichkeit, auf eine bestimmte soziale Klasse beschränkt war. Die wichtigste Rechtfertigung dieser Mode kam nicht von diesen wirklichen Gefahren, sondern aus der Medizin selbst.

Durch die medizinische Betrachtungsweise von Frauen wurde das mit der Fortpflanzung verbundene Risiko nicht nur bestätigt, sondern man ging noch sehr viel weiter: die Medizin klassifizierte

alle weiblichen biologischen Funktionen als von Natur aus krank.
Die Pubertät wurde als ‚Krise' angesehen, während der der ganze weibliche Organismus in Aufruhr versetzt wird. Die Menstruation —
aber auch ihr Nichtauftreten — galt als chronisch krankhaft.
Dr. W.C.Taylor gab in seinem Buch „Ärztlicher Ratgeber für Frauen — für Gesundheit und Krankheit" eine Warnung, die für die populären Gesundheitsratgeber jener Zeit typisch war:

*Wir können nicht genug betonen, wie wichtig es ist, dieses monatliche Geschehen als eine Zeit der Krankheit zu betrachten, als Tage, an denen die normalen Beschäftigungen unterlassen oder nur in veränderter Form ausgeführt werden sollten. ... Lange Spaziergänge, Einkäufe, Reiten und gesellschaftliche Anlässe sollten an diesen Tagen des Monats auf jeden Fall immer unterlassen werden. ... Ein weiterer Grund, warum sich jede Frau in diesen Tagen als krank betrachten sollte ist, daß die monatliche Blutung irgendwelche Beschwerden der Gebärmutter verschlimmert und sehr leicht das Feuer verglimmender Krankheit von neuen entfacht.*

Ähnlich war eine schwangere Frau ‚unpäßlich', und die Ärzte zogen gegen die Hebammen zu Felde mit der Begründung, daß die Schwangerschaft eine Krankheit sei, die die Sorge eines Arztes verlangte. Die Wechseljahre waren die endgültige unheilbare Krankheit, der ‚Tod der Frau in der Frau'.

Die größere Anfälligkeit der Frauen für TB wurde als Beweis dafür gesehen, daß die weibliche Physiologie von Natur aus nicht ganz in Ordnung war. Dr. Azell Ames schrieb 1875: „Da es außer Zweifel steht, daß die Schwindsucht (...) dadurch entsteht, daß sich die Menstruation bei dem heranwachsenden Mädchen nicht richtig einspielt, ist das eine unausweichlich die Folge des anderen, das wissen wir heute, es kann sein, daß die erste Menstruation nicht eintritt, **weil** Schwindsucht vorliegt. Aber damals wurde die Schwindsucht der Natur der Frau angelastet. Wenn Männer an Schwindsucht erkrankten, suchten die Ärzte nach irgendeinem äußeren Einfluß, wie zum Beispiel Überbelastung, um die Krankheit zu erklären. Aber in den Augen der Öffentlichkeit war Schwindsucht weibisch: zeitgenössische Romane stellten als schwindsüchtige Männer nur ‚kraftlose' Typen wie Dichter, Künstler und andere Männer dar, die ‚unfähig' waren, ernsten männlichen Beschäftigungen nachzugehen.

Die Verbindung von TB mit angeborener weiblicher Schwäche wurde dadurch bestärkt, daß TB von emotionaler Launenhaftigkeit begleitet wurde, die eine Person dazu veranlassen konnte, abwechselnd himmelhochjauchzend und tiefbetrübt zu sein. Das Verhalten, das für diese Krankheit charakteristisch ist, stimmte mit den Erwartungen über die weibliche Persönlichkeitsstruktur überein, und das Aussehen der Kranken entsprach den Vorstellungen über weibliche Schönheit — und vielleicht sind diese Vorstellungen dadurch nachhaltig beeinflußt worden. Die Schwindsüchtige verlor ihre weibliche Identität nicht, sie verkörperte sie: die glänzenden Augen, die fast durchsichtige Haut und die roten Lippen waren nur Extreme traditioneller weiblicher Schönheit. Ein romantischer Mythos entstand um die Schwindsüchtige und wird in zeitgenössischer Portraitmalerei und Literatur wiedergespiegelt: zum Beispiel in der bezaubernden und tragischen Figur der Beth in Little Women (Kleine Frauen, Anm.d.Übers.). Frauen wurden nicht nur als kränklich betrachtet — Krankheit wurde als weiblich

angesehen.

Die Tatsache, daß Ärzte Frauen als von Geburt an krank sahen, **machte** sie natürlich nicht krank, oder zart oder faul. Es stellte eine sehr wichtige Begründung dafür dar, den Frauen zu verbieten, sich anders zu verhalten. Medizinische Argumente wurden verwandt, um Frauen den Zugang zu medizinischen Fakultäten (sie würden in Anatomievorlesungen ohnmächtig werden), zu höherer Bildung im allgemeinen und zu den Wahlurnen zu versperren. So erklärte ein Politiker aus Massachusetts:

*Gebt den Frauen das Wahlrecht, und ihr könnt in jeden Bezirk eine Irrenanstalt bauen und in jeder Stadt ein Scheidungsgericht einrichten. Frauen sind zu nervös und zu hysterisch, um in die Politik zu geben.*

Die medizinischen Argumente schienen sexistischer Unterdrückung die Boshaftigkeit zu nehmen: Wenn man eine Frau daran hinderte, etwas aktives oder interessantes zu tun, tat man das nur zu ihrem eigenen Besten.

**Die Ärzte verdienen gut an der Krankheit der Frauen**

Der Mythos von der Zerbrechlichkeit der Frauen und der Kult, der mit dem weiblichen Krankheitswahn getrieben wurde, der dadurch den Mythos zu rechtfertigen schien, kam ganz direkt den finanziellen Interessen der Ärzte zugute. Im späten 19. und frühen 20. Jahrhundert hatten die ‚rechtmäßigen' AMA Ärzte (Mitglieder der amerikanischen Medizinervereinigung — American Medical Association — die intellektuellen Vorfahren unserer heutigen Ärzte) noch kein rechtlich gesichertes Monopol auf den Heilberuf, und es gab auch keine rechtliche Handhabe zu kontrollieren, wer sich alles ‚Arzt' nannte. Konkurrenten, sowohl Heilpraktiker beider Geschlechter als auch ein Überschuß — so sah es die AMA damals — an ausgebildeten Ärzten, machte den Ärzten sehr zu schaffen. Ein großer Teil der Konkurrenz kam von Frauen: Heilpraktikerinnen und Hebammen beherrschten die städtischen Ghettos und weite Teile der ländlichen Bezirke; Frauenrechtlerinnen erkämpften sich den Einlaß in die medizinischen Hochschulen.

Den Ärzten diente der Mythos von der Zerbrechlichkeit der Frau in zweierlei Hinsicht. Er ermöglichte, Frauen als für den Heilberuf unfähig zu erklären und machte natürlich Frauen zu hervorragenden Patientinnen. (3)

Der Wettbewerb der Ärzte veranlaßte sie, solche Anzeigen wie diese (1878)

*Anm.d.Übs.: Dr. Flemming, der während der letzten zehn Jahre für Dr. L.'s Praxis verantwortlich war, ist schon bekannt, und da er mit einem der größten Krankenhäuser in den Vereinigten Staaten zusammen gearbeitet hat, wo er Spezialuntersuchungen über Frauenkrankheiten experimentell und durch Obduktion durchführte, und wo er alle die verschiedenen medizinischen Theorien zu diesem Thema überprüfte, kann allen sofort schnelle und sichere Erleichterung garantieren.*
*Privates Sprechzimmer: – Eingang 7. Straße. Beratung kostenlos und vertraulich.*

Um 1900 gab es 173 Ärzte (die mit direkter medizinischer Fürsorge beschäftigt waren) auf je 100 000 Einwohner; heute sind es nur 50 auf 100 000. Also war es im Interesse der Ärzte, die Krankheiten ihrer Patientinnen zu kultivieren, häufig Hausbesuche zu machen und die ‚Behandlung' soweit wie möglich in die Länge zu ziehen. Ein paar Dutzend gutversorgter Patientinnen war alles, was ein Arzt brauchte, um eine gutgehende Praxis in einer Stadt aufrechtzuerhalten. Frauen – zumindest die, deren Ehemänner die Rechnungen bezahlen konnten – wurden eine selbstverständliche ‚Zielgruppe' der aufkommenden Medizin.

(3) Siehe auch Hexen, Hebammen und Krankenschwestern, Verlag Frauenoffensive, München, 1975.

In vieler Hinsicht waren die Frauen der oberen Mittelschicht ideale Patientinnen: ihre Krankheiten — und das Konto ihrer Ehemänner — waren schier unerschöpflich. Außerdem waren sie meist unterwürfig und beachteten folgsam die ‚Anweisungen des Arztes'. Im Jahre 1888 zollte Dr. S.Weir Mitchell im Namen seiner Kollegen der Kranken tiefe Anerkennung:

*Mit all ihrer Schwäche, ihrer instabilen Emotionalität, ihrer Neigung moralisch ins Wanken zu geraten, wenn sie längere Nervenleiden erduldet, ist sie viel leichter zu behandeln, viel mehr der Vernunft zugänglich, fühlt sie sich als Patientin viel eher geborgen, als ein Mann in einer vergleichbaren Position. Die Gründe dafür sind zu offensichtlich, um mich hier lange aufzuhalten, und Ärzte, die mit Patienten beider Geschlechter zu tun haben, werden mir ganz sicher Recht geben.*

Für Mitchell waren Frauen nicht nur unkompliziertere Patientinnen, sondern Krankheit war der Schlüssel zur Weiblichkeit. „Der Mann, der kranke Frauen nicht kennt, kennt Frauen nicht." Einige Frauen kamen schneller dahinter, daß die Interessen der Ärzte zu einem guten Teil an der Invalidität der Frauen schuld waren. Dr. Elizabeth Garrett Anderson, eine amerikanische Ärztin, meinte, daß der Grad der weiblichen Invalidität von vielen Ärzten sehr übertrieben werde, und daß die natürlichen Funktionen der

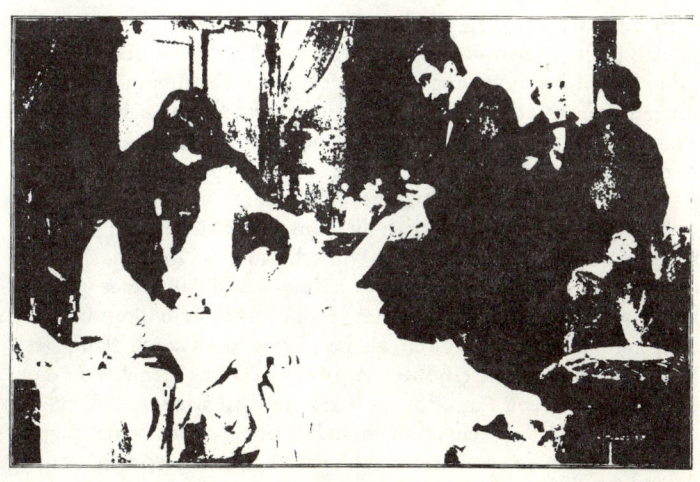

Arztspiele

Frau sie in Wirklichkeit gar nicht so sehr schwächten. Sie bemerkte, daß in der Arbeiterklasse die Arbeit auch während der Menstruation „ohne Unterbrechung und in der Regel auch ohne schädliche Folgen" weitergehe. (Natürlich hätten Arbeiterfrauen sich die medizinische Fürsorge, die weibliche Invalidität fordert, gar nicht leisten können). Mary Livermore, eine Frauenrechtlerin, protestierte gegen die „unmögliche Annahme, daß die Frau von Natur aus invalide sei" und rügte öffentlich die „unsaubere Horde von 'Gynäkologen', die offensichtlich den Wunsch habe, die Frauen davon zu überzeugen, daß sie nur ein Organ hätten — und daß dieses immer krank sei." und Dr. Mary Putnam Jacobi formulierte ihren Unmut am genauesten und härtesten, als sie 1895 schrieb: „Ich glaube, es liegt eigentlich an der erhöhten Aufmerksamkeit gegenüber Frauen und an ihrer neuen Funktion als lukrative Patientinnen, die man sich vor hundert Jahren kaum vorstellen konnte, daß heutzutage so viele Frauen an so vielen Krankheiten leiden, die erst jetzt entdeckt werden. (...)."

## Die ‚wissenschaftliche' Erklärung weiblicher Zerbrechlichkeit

Als Geschäftsmann hatte der Arzt direktes Interesse daran, daß die Frauen eine soziale Rolle inne hatten, die sie ermutigte, krank zu sein; als Arzt hatte er die Verpflichtung, die Ursachen dieser Beschwerden herauszufinden. Das Ergebnis war, daß er als ‚Wissenschaftler' medizinische Theorien anbot, die in Wirklichkeit Rechtfertigungen der sozialen Rolle der Frau waren.

In jener Zeit war das ein leichtes: niemand hatte eine sehr genaue Vorstellung von der menschlichen Physiologie. Die amerikanische medizinische Ausbildung, selbst an den besten Schulen, tat der Einbildungskraft wenig Zwang an, weil sie auch nur eine sehr spärliche Einführung in Physiologie und Anatomie geben konnte und weil sie überhaupt keine Ausbildung im exakten wissenschaftlichen Arbeiten anbot. Folglich hatten die Ärzte eine ziemlich beachtliche intellektuelle Freiheit, immer genau die Theorien zu entwickeln, die gesellschaftspolitisch von Vorteil waren. Im allgemeinen schrieben sie die weiblichen Beschwerden der angeborenen ‚Unzulänglichkeit' der Frau oder irgendeiner Aktivität zu, die über die ganz ‚femininen' Beschäftigungen hinausging – besonders wenn sie sexueller, sportlicher oder geistiger Natur war. So wurden Promiskuität, Tanzen in heißen Räumen und das Zusammensein mit einem zu romantischen Ehemann genauso wie zu viel Lesen, zu viel ernsthafte Zielstrebigkeit und zu viel Aufregung als Ursachen von Krankheit angegeben.

Die zugrundeliegende medizinische Theorie bezüglich der Schwäche der Frau basierte auf dem für Ärzte grundlegendsten aller physiologischen Gesetze: „der Erhaltung von Energie". Aus dem ersten Satz dieser Theorie folgte, daß jeder menschliche Körper eine ganz bestimmte Menge Energie zur Verfügung hatte, und daß diese von Organ zu Organ wanderte, je nach Bedarf. Dies bedeutete, daß man ein Organ oder eine Fähigkeit auf Kosten der anderen entwickeln konnte, indem man Energie aus den Körperteilen bezog, die nicht entwickelt wurden. In ganz besonderem Maße versuchten sich die Sexualorgane Energie auf Kosten der anderen zu holen. Der zweite Satz der Theorie – nämlich, daß die Fortpflanzung den Kern der weiblichen Biologie ausmache – machte diesen Wettkampf um Energie in hohem Maße ungleich, da er dem Fortpflanzungsbereich praktisch die Kontrolle über die ganze Frau zugestand.

Die Folgerung, die sich aus dieser ‚Energieerhaltungs'-Theorie

für die männliche und weibliche Rolle ergab, ist wichtig. Wir wollen sie also näher betrachten.

Erstaunlicherweise gefährdeten die Männer ihre Fortpflanzungsfähigkeit nicht durch intellektuelle Tätigkeit. Im Gegenteil, da die Aufgabe war, Handelnde und nicht Erzeuger von Nachkommen zu sein, mußten sie darauf achten, daß die Sexualität nicht Energie auf Kosten ihrer ‚höheren Aufgaben' verschwendete. Ärzte warnten die Männer, ihren ‚Samen'(d.h. den Kern ihrer Energie) nicht leichtfertig zu verschwenden, sondern ihn für ihre ‚zivilisatorischen Ziele' aufzuheben. Junge Studenten wurden streng von Frauen ferngehalten — außer hin und wieder zu einer Sextour durch die Stadt — und Unberührtheit wurde bei Männern oft für genauso wichtig angesehen, wie bei Frauen. Geschwächter Samen sei das Resultat zu häufiger ‚Befriedigung', und der wiederum könne ‚Zwerge', schwächliche Säuglinge und Mädchen erzeugen.

Da aber die Fortpflanzung der Lebensinhalt der Frau war, waren sich die Ärzte andererseits darüber einig, daß die Frauen ihre physische Energie nach innen, auf den Uterus richten sollten. Jegliche andere Beschäftigung sollte während der Höhepunkte des sexuellen Energieverbrauchs verlangsamt oder ganz eingestellt werden. Bei Beginn der Menstruation wurde den Frauen gesagt, sie sollen möglichst viel Bettruhe haben, um ihre Kraft darauf zu konzentrieren, ihre Periode zu regulieren — auch wenn das Jahre dauern könnte. Je mehr Zeit die Schwangere liegend verbrachte, um so besser. Am Anfang der Wechseljahre wurden Frauen oft wieder ins Bett verbannt.

Ärzte und Erzieher zogen daraus sehr schnell die Konsequenz, daß höhere Bildung für Frauen physisch schädlich sein könne. Eine zu starke Entwicklung des Denkvermögens, so rieten sie, würde den Uterus verschrumpfen lassen. Die Entwicklung der Fortpflanzungsorgane stand genau im Gegensatz zur Entwicklung geistiger Fähigkeiten. In einem Buch, das den Titel ,,Die physiologische und geistige Schwäche der Frau" trug, schrieb der deutsche Wissenschaftler P.Moebius:

*Wenn wir möchten, daß die Frau ihrer Aufgabe als Mutter voll gerecht wird, kann sie keinen männlichen Intellekt haben. Wenn die Fähigkeiten der Frau genauso weit entwickelt würden wie die des Mannes, würden ihre mütterlichen Organe Schaden nehmen, und wir hätten einen abstoßenden und nutzlosen Mischung vor uns.*

Diese These wurde in den Vereinigten Staaten am überzeugendsten von Dr. Edward Clarke aus Harvard vertreten. Er warnte, in seinem Buch ,,Sex in der Erziehung (1873)", daß die höhere Bildung schon die Fortpflanzungsfähigkeit der amerikanischen Frau zerstöre.

Selbst wenn eine Frau sich entschloß, intellektuellen oder anderen ‚nichtfraulichen' Beschäftigungen nachzugehen, konnte sie kaum hoffen, der Herrschaft ihres Uterus und ihrer Eierstöcke zu entgehen. In ,,Die Krankheiten der Frauen (1849)" schrieb Dr. F.Hollick: ,,Die Gebärmutter, das muß man sich immer wieder klarmachen, ist das kontrollierende Organ im weiblichen Körper, weil es von allen das erregbarste ist, und weil es durch die Verzweigtheit seiner Nerven mit allen anderen Teilen so eng verbunden ist." In den Augen anderer medizinischer Theoretiker waren es die Eierstöcke, die einen zentralen Platz einnahmen. Der folgende Auszug, der 1870 von Dr. W.W.Bliss geschrieben wurde ist, wenn auch etwas übertrieben, nichtsdestoweniger typisch:

*Wenn wir also die Vorstellung von der riesigen Macht und dem Einfluß der Eierstöcke über den ganzen tierischen Haushalt der Frau annehmen — daß sie die mächtigste Ursache aller Bewegungen ihren ganzen Systems sind; daß ihr geistiger Rang in der Gesellschaft, ihre körperliche Vollkommenheit und alles, was diesen feinen und zarten Formen, die dauernder Gegenstand der Bewunderung sind, all dem Großartigen, Edlen und Wunderbaren, all dem Fülligen, Zarten und Liebreizenden Schönheit verleiht, auf ihnen beruht; daß die Treue, ihre Hingebung, ihre immerwährende Aufmerksamkeit, ihre Klugheit und all die seelischen Qualitäten und Anlagen, die Respekt und Liebe beflügeln, und die sie zum sichersten Freund und Berater des Mannes macht, sich von den Eierstöcken ableiten —* **was muß dann erst der Einfluß und die Macht über die Berufung der Frau und die erhabene Bestimmung ihres Daseins sein, die diese Organe bekommen, wenn sie erkrankt sind!** *Kann die Geschichte der Tätigkeit der Frau auf dieser Erde anders als angefüllt mit Berichten von Trauer, Leid und vielen Schmerzen sein, die alle aus dem Wirken dieser wichtigen Organe stammen?*

Dies war nicht einfach Lehrbuch-Rhetorik. In der Praxis stellten Ärzte hinter fast jeder Beschwerde bei Frauen uterine oder ovariale ‚Erkrankungen' fest, seien es Kopfschmerzen, Halsschmerzen oder Verdauungsstörungen. Eine Krümmung in der Wirbelsäule, Haltungsschäden oder Schmerzen irgendwo in der unteren Hälfte des Körpers konnten das Ergebnis eines ‚verschobenen' Uterus sein, und ein Arzt erklärte überzeugend, daß Verstopfung davon komme, daß die Gebärmutter auf den Mastdarm Druck ausübt. Dr. M.E.Dirix schrieb 1869:

*So werden Frauen wegen Erkrankungen des Magens, der Leber, der Därme, des Herzens, der Lunge etc. behandelt; jedoch wird bei ordnungsgemäßer Untersuchung festgestellt werden können, daß alle diese Krankheiten gar keine wirklichen Krankheiten sind, sondern nur die Folgeerscheinung einer Erkrankung: nämlich der der Gebärmutter.*

**Die Psychologie der Eierstöcke**

Wenn die Gebärmutter und die Eierstöcke den ganzen Körper der Frau beherrschten, so war es nur natürlich, daß sie auf ihre gesamte Persönlichkeit Einfluß hatten. Im 19. Jahrhundert glaubte man, daß die weibliche Psyche nur ein Anhängsel der Fortpflanzungsorgane sei, und daß die Natur der Frau nur durch ihre Fortpflanzungsfunktion bestimmt sei. Die typische medizinische Betrachtungsweise war, „daß die Eierstöcke der Frau alle ihre geistigen und körperlichen Fähigkeiten bestimmen." Und, etwas gehässig, bemerkte Dr. Bliss: „Der Einfluß der Eierstöcke macht sich in der List und Heuchelei von Frauen bemerkbar." Folgte man dieser ‚Psychologie der Eierstöcke', so konnte man alle natürlichen Charakteristika der Frau aus den Eierstöcken ableiten, und man konnte jegliche Anomalie – von Gereiztheit bis zu Geisteskrankheit – irgendeiner Erkrankung der Eierstöcke zuschreiben. So schrieb ein Arzt: „Alle die verschiedenen und vielfältigen typisch weiblichen Störungen der Fortpflanzungsorgane zählen zu den Ursachen geistiger Krankheit." Und umgekehrt konnte man wirkliche körperliche Schwierigkeiten und Erkrankungen der Fortpflanzungsorgane, einschließlich Krebs auf schlechte Gewohnheiten und falsche Einstellungen zurückführen.

Selbstbefriedigung wurde als eine besonders verwerfliche Untugend angesehen, die zu körperlichen Schäden führen konnte, und obwohl diese Annahme sowohl auf Männer wie auch auf Frauen zutraf, waren Ärzte doch von Selbstbefriedigung mehr beunruhigt, wenn sie bei Frauen vorkam. „Das Laster" konnte Menstruationsdysfunktionen, Erkrankungen der Gebärmutter und Verletzungen der Genitalien zur Folge haben. Selbstbefriedigung war eine Form von ‚Hypersexualität' und verursachte angeblich Schwindsucht: andererseits konnte Schwindsucht zu ‚Hypersexualität' führen. Der wechselseitige Zusammenhang von ‚Hypersexualität' und TB konnte ganz einfach dadurch ‚bewiesen' werden, daß man darauf hinwies, wie häufig TB bei Prostituierten auftrat. All dies nährte die Vorstellung, daß ‚sexulle Störungen' zu Krankheiten führten, und daß, umgekehrt, den sexuellen Wünschen von Frauen Krankheit zugrunde lag.

Das medizinische Modell der weiblichen Natur, wie es sich in der ‚Psychologie der Eierstöcke' darstellte, unterschied sehr streng zwischen Fortpflanzung und Sexualität. Gesundheitsratgeber und Ärzte empfahlen den Frauen, sich ganz ihrer Bestimmung als ‚das

Geschlecht' hinzugeben; sie sollten ihre Fortpflanzungsfähigkeit und ihre Mütterlichkeit, kurz, ihre ‚Weiblichkeit' fördern. Jedoch sagte man ihnen, daß sie überhaupt keine ‚natürlichen' sexuellen Empfindungen hätten. Man nahm zwar an, daß sie ganz und gar von ihren Eierstöcken und ihren Gebärmüttern beherrscht würden, aber daß sie von dem Geschlechtsakt selbst abgestoßen würden. Tatsächlich empfand man sexuelle Empfindungen als unweiblich, krankhaft und möglicherweise schädlich für die Hauptaufgabe der Fortpflanzung. (Andererseits glaubte man wohl, daß Männer sexuelle Empfindungen hätten, und viele Ärzte gingen sogar so weit, daß sie Prostitution guthießen, mit der Begründung, daß die Männer der oberen Mittelschicht und der Oberschicht Möglichkeiten haben müssen, ihre sexuellen Bedürfnisse nicht nur an ihren zarten Frauen auszutoben).

Die Ärzte selbst waren jedoch anscheinend niemals ganz von dieser Vorstellung über die weibliche Natur überzeugt. Während sie das Vorhandensein weiblicher Sexualität genauso verbissen leugneten, wie alle anderen Männer ihrer Zeit, suchten sie doch ständig nach ihr. Medizinisch war diese Aufmerksamkeit durch die Behauptung gerechtfertigt, daß weibliche Sexualität nur krankhaft sein könne. Folglich war es nur natürlich, daß einige Ärzte immer wieder daraufhin untersuchten, wobei sie die Brüste und die Klitoris reizten. Aber hinter dieser strengen Ablehnung stand immer die uralte Angst vor der ‚unstillbaren Lust' der Frau, die, einmal erwacht, völlig außer Kontrolle geraten konnte, und die Faszination,

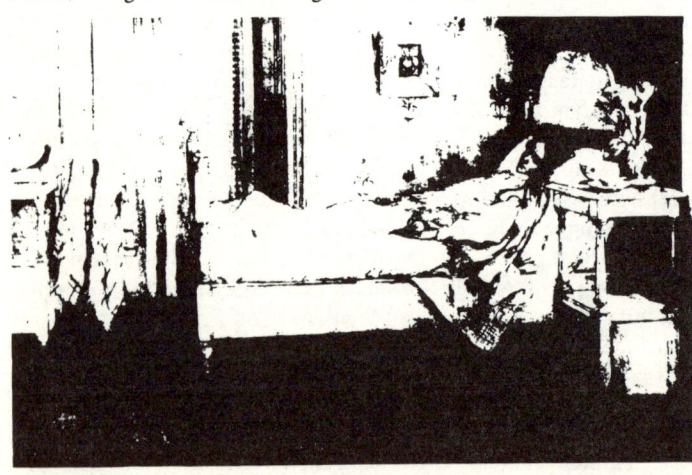

die von ihr ausging. 1853, im Alter von nur 25 Jahren, schrieb der englische Arzt Robert Brudenell Carter (in seinem Buch: Über das Krankheitsbild und die Behandlung von Hystrie):

*... niemand, der das Ausmaß an moralischem Übel kennt, das in Mädchen wirkt, deren lüsternen Wünschen, durch indischen Hanf verstärkt, und teilweise durch medizinische Maßnahmen entsprochen wurde, kann leugnen, daß die Behandlung schlimmer ist als die Krankheit. Ich habe ... junge, unverheiratete Frauen der Mittelschicht gesehen, die durch den Gebrauch des Spekulums auf das moralische und geistige Niveau von Prostiuierten herabgesunken sind; sie versuchten sich durch Selbstbefleckung die gleiche Befriedigung zu geben, und sie baten jeden Mediziner .. eine Untersuchung des Genitalbereiches durchzuführen.*

(Rauchten Dr. Carters Patientinnen wirklich ‚indischen Hanf', baten sie wirklich um Untersuchung der inneren Organe? Leider haben wir nur Dr. Carters Aussage zu dieser Frage).


### Die Behandlung

Da die Mediziner, an unseren heutigen wissenschaftlichen Maßstäben gemessen, über die Vorgänge im menschlichen Körper gänzlich uninformiert waren, bestand ihre tagtägliche Praxis um die Jahrhundertwende weitgehend aus Mutmaßungen, d.h. hauptsächlich aus alten Heilmitteln und gelegentlichen gewagten Experimenten. Eine Schätzung besagt, daß vor 1912 ein durchschnittlicher Patient, der bei einem durchschnittlichen amerikanischen Arzt in Behandlung ging, knapp 50 % Chancen hatte, davon zu profitieren. Tatsächlich riskierte er, daß es ihm hinterher schlechter ging: Aderlaß, starke Abführmittel, hohe Dosen quecksilberhaltiger Medikamente und sogar Opium gehörten zu den üblichen therapeutischen Maßnahmen während des ganzen 19. Jahrhunderts – sowohl für männliche als auch für weibliche Patienten. Sogar bis weit ins 20. Jahrhundert hinein gab es wenig, was wir als moderne medizinische Praxis bezeichnen würden. Chirurgie war noch immer ein sehr risikoreiches Unterfangen; es gab keine Antibiotika oder dergleichen ‚Wundermittel'; man wußte noch wenig über den Zusammenhang zwischen Ernährung und Gesundheit oder gar von der Rolle der Hormone in der Regulierung physiologischer Vorgänge.

Alle Patienten litten unter dieser Behandlungsweise, die ins Schwarze treffen konnte oder auch nicht, aber einige der Therapi-

*Anm.d.Übs.: Krankenschwester: Tja, Mrs. Fogy, das Brechmittel des Doktors wirkt fantastisch. Bald nehmen wir dann das Kalomel und ein Abführmittel, dann noch etwas Rizinus, und danach machen wir eine Spritze, dann legen wir ein Zugpflaster auf und setzen Blutegel an, und, wenn notwendig, rasieren wir den Kopf. Wir werden in drei bis vier Wochen wieder ganz gesund sein, – etwas geschwächt vielleicht, aber das macht ja nichts. Der Arzt wird höchstens 40-50 Dollar nehmen.*

en, die auf Frauen angewandt wurden, erscheinen heute besonders sinnlos und bizarr. Beispielsweise konnte es sein, daß ein Arzt das, was er für eine Entzündung der Fortpflanzungsorgane hielt, behandelte, indem er versuchte, die Entzündung durch eine sog. Gegenreizung ‚abzuziehen' – d.h., er verursachte Blasen und Wunden in der Leistengegend oder auf den Oberschenkeln. Die übliche Methode des Aderlasses mit Blutegeln nahm in der Hand des Gynäkologen auch ganz merkwürdige Formen an. Im Zusammenhang mit Therapiemöglichkeiten bei Amenorrhoe (chronisches Ausbleiben der Menstruation), bemerkte Dr. F.Hollick: „Einige Autoren sprechen von ihren guten Erfahrungen, die sie damit gemacht haben, einige Tage bevor die Regel einsetzen soll, Blutegel an die Lippen (Schamlippen) anzulegen." Blutegel auf der Brust, so beobachtet er, können auch sehr nützlich sein, wegen der starken Wechselwirkung zwischen den Geschlechtsorganen. Manchmal wurden Blutegel sogar an den Muttermund angesetzt, obwohl die Gefahr bestand, daß sie in der Gebärmutter verloren gehen würden. (Soweit uns bekannt ist, ist es keinem Arzt je eingefallen, ähnliche medizinische Angriffe auf die männlichen Geschlechtsorgane zu verüben).

Über solche Methoden könnte man hinweggehen und sie als gutgemeinte, wenn auch etwas geile Versuche im Zeitalter tiefer medizinischer Ignoranz einstufen. Aber es gab noch andere ‚Behandlungsmethoden', die viel schlimmer waren — jene nämlich, die darauf abzielten, das **Verhalten** der Frau zu verändern. Die körperlich am wenigsten destruktive war ganz einfach Isolierung und ununterbrochene Ruhe. Sie wurde bei einer ganzen Reihe von Beschwerden, die alle als ‚Erkrankungen der Nerven' diagnostiziert wurden, angewandt.

Rezept Nummer eins war Passivität; dazu kamen warme Bäder, kalte Bäder, keine tierischen Nahrungsmittel und Gewürze, eine Diät, die aus Milch, Pudding und Getreideflocken und dazu einigen ‚milden, säurelosen Früchten' bestand. Die Frau sollte eine Krankenschwester haben — keine Verwandte — die sich um sie kümmerte, sollte keine Besuche empfangen und, wie Dr. Dirix schrieb, ,,sie sollte vor allen geistigen Anregungen vorsorglich bewahrt werden". Charlotte Perkins Gilman bekam diese Art von Therapie von Dr. S.Weir Mitchell verschrieben, der ihr riet, Feder und Bücher beiseite zu tun. Später beschrieb Gilman diese Erfahrung in der Geschichte: ,,Gelbe Tapete", in der die Heldin, eine Frau, die gern Schriftstellerin wäre, von ihrem Arzt und Mann ,,Ruhe" verschrieben bekommt:

*Also nehme ich eben die Phosphate oder Phosphite — ich weiß nicht, welches was ist, und die Wässerchen, und ich fahre aus, geh' an der frischen Luft spazieren, und es ist mir strengstens verboten zu ‚arbeiten', bis ich wieder gesund bin.*
*Ich selbst bin nicht ihrer Meinung.*
*Ich meine, daß eine entsprechende Arbeit, die Anregung und Abwechslung bringt, mir guttäte.*
*Aber was soll ich machen?*
*Eine Weile habe ich trotzdem geschrieben: aber es erschöpft mich wirklich ziemlich — ich muß ja so vorsichtig sein, ... oder ich hätte ihrem heftigen Widerstand zu begegnen.*

Langsam verliert Gilmans Heldin ihren Halt (,,Es wird immer schwieriger für mich, vernünftig zu denken. Ich nehme an, das ist die Nervenschwäche.") und schließlich befreit sie sich ganz aus dem Gefängnis — flüchtet in den Wahnsinn, schleicht in endlosen Kreisen durch ihr Zimmer und redet mit sich selbst über die Tapete.

Aber die brutalsten Methoden für ‚Persönlichkeitsstörungen' bei

Frauen stammten aus der gynäkologischen Chirurgie. Und dieser chirurgische Ansatz bei psychologischen Schwierigkeiten bei Frauen wurde durchaus als durch die ‚Psychologie der Eierstöcke' theoretisch gesichert angesehen. Denn wenn man annahm, daß die gesamte Persönlichkeit der Frau von ihren Fortpflanzungsorganen beherrscht wurde, dann war gynäkologische Chirurgie der logische Ansatz, um mit ihren psychologischen Schwierigkeiten fertigzuwerden. Etwa um 1870 begannen die Ärzte dementsprechend zu handeln.

Zumindest eins ihrer Mittel war wohl tatsächlich wirkungsvoll: die Entfernung der Klitoris, um die sexuelle Anregung zu verhindern. In einem medizinischen Buch aus jener Zeit heißt es: ,,Ein unnatürliches Wachstum der Klitoris ... führt mit großer Wahrscheinlichkeit zu unmoralischem Verhalten und ernsten Erkrankungen ... weshalb eine Amputation notwendig sein kann." Obwohl viele Ärzte eine Entfernung der Klitoris mißbilligten, waren sie doch geneigt, zuzugeben, daß es in Fällen von ‚Nymphomanie' notwendig sein könnte. (Die letzte Klitorektomie in den USA, die uns bekannt ist, wurde vor 25 Jahren an einem 5-jährigen Mädchen vorgenommen, um es von der Onanie zu heilen). Weiter verbreitet war die Entfernung der Eierstöcke — Ovariotomie, oder ‚Kastra-

Eine Eierstockentfernung Anfang des 19. Jahrhunderts

tion der Frau'. Tausende dieser Operationen wurden zwischen 1860 und 1890 durchgeführt. In seinem Artikel „Der Samenhaushalt" beschreibt Ben Baker-Benfield die Erfindung der ‚normalen Ovariotomie', oder ‚die Entfernung der Eierstöcke bei Erkrankungen, die nicht die Eierstöcke betreffen', von Robert Battey aus Rome, Georgia, 1872.

*Zu den Merkmalen gehörten Verdrießlichkeit, Essen wie ein Scheunendrescher, Selbstbefriedigung, Selbstmordversuch, erotische Tendenzen, Verfolgungswahn, schlichte 'Sturheit' und Dysmenorrhöe. Was am deutlichsten durch die beträchtliche Bandbreite von Symptomen, die Ärzte als Indikator für Kastration nahmen, herauskommt, ist, daß es offensichtlich unter den Frauen einen starken Hang zur sexuellen Betätigung gegeben haben mußte.*

Die Patientinnen wurden oft von ihren Männern gebracht, die über ihr aufsässiges Benehmen klagten. Wenn sie dann, ‚kastriert', zu ihren Männern zurückkamen, waren sie, so Dr. Battey, „fügsam, ordentlich, fleißig und reinlich". (Heutzutage werden diese Auswirkungen auf die Persönlichkeit bei Eierstockentfernungen, zum Beispiel im Zusammenhang mit der operativen Entfernung der Gebärmutter nicht festgestellt. Man kann sich nur fragen, welche Persönlichkeitsveränderungen die Patientinnen Dr. Batteys wirklich durchmachten, wenn sie überhaupt welche durchmachten). Was auch immer die Auswirkungen gewesen sein mögen, manche Ärzte brüsteten sich damit, zwischen 1 500 und 2 000 Eierstockentfernungen durchgeführt zu haben; um noch einmal Baker-Benfield zu zitieren: „Sie zeigten sie bei den Treffen der Ärztegesellschaft auf Tabletts herum wie Trophäen."

Wir könnten fortfahren, lächerliche Theorien und entsetzliche Heilmittel aufzuzählen, aber eigentlich sollte auch so klar sein, was wir damit sagen wollen: die medizinische Behandlung von Frauen im ausgehenden 19. Jahrhundert war, medizinisch gesehen, ziemlich unsinnig; zweifellos war sie jedoch äußerst wirksam darin, einige Frauen — nämlich die, die es sich leisten konnten, Patientinnen zu sein — in Schach zu halten. Wie wir gesehen haben, wurde die Chirurgie ausdrücklich angewandt, um Frauen, die versuchten sich zu behaupten, zu ‚zähmen', und ob nun die chirurgischen Eingriffe selbst etwas nützten oder nicht, so war doch die schiere Androhung eines solchen Eingriffs sicher in vielen Fällen genug, um die Frau auf ihren Platz zu verweisen. Verordnete Bettruhe war eine Art wohltuender Haft — und das ärztliche Verbot, intellektuellen Beschäftigungen nachzugehen, spricht wohl für sich.

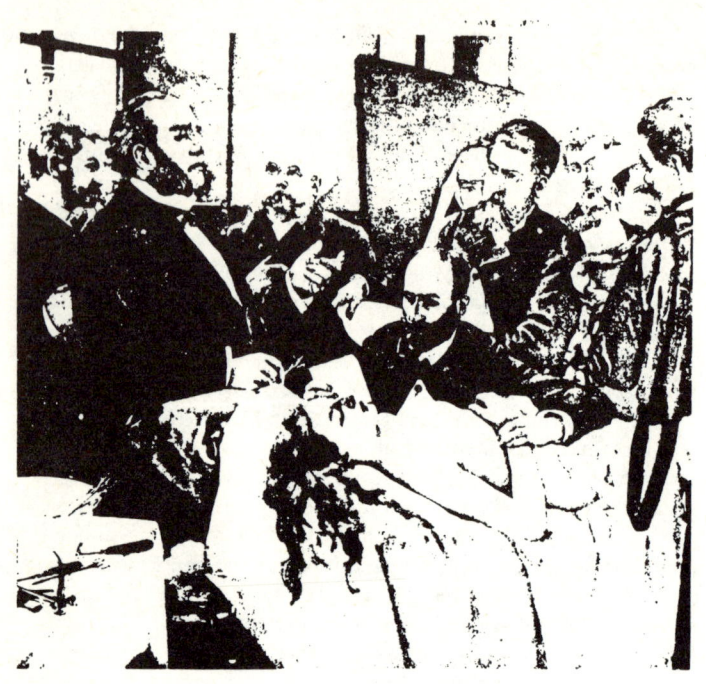

Aber das waren alles nur extreme ‚Heilmittel'. Die Mehrheit der Frauen der Oberschicht mußten niemals operative gynäkologische Eingriffe oder lange Zeiten der Bettruhe erdulden, und dennoch waren auch sie Opfer der vorherrschenden Annahmen über die ‚Schwäche' der Frau und die Notwendigkeit häufiger medizinischer Beachtung. Je mehr die Ärzte Frauen ‚behandelten', um so mehr verführten sie sie dazu, sich selbst als krank zu betrachten. Der ganze Wahn von der Krankheit der Frau — die Hausbesuche, die Wässerchen und Mittelchen, die Badekuren — dienten vor allem dazu, die Frauen damit zu beschäftigen, nichts zu tun. Sogar unter den Frauen der Mittelschicht, die nicht dauernde ärztliche Behandlung bezahlen konnten, und die auch nicht die Zeit dazu hatten, ununterbrochen krank zu sein, forderte dieser Wahn seine Opfer; denn hier nahmen billige, nicht rezeptpflichtige Mittel (die oft sehr gefährlich waren) den Platz von teurer ärztlicher ‚Pflege' ein.

Eine der wichtigsten Folgeerscheinungen war, daß die Frauen der Oberschicht immer abhängiger wurden von Männern. Ganz si-

Anzeige für ein Patentmedikament

SORE NIPPLES.—Dr A. C. CASTLE, 297 Broadway, says he has known Sherman's Papillary Oil cure the worst cases in a short time, where every thing else failed.
  The Hon. B B. Beardsley's lady suffered for six weeks with sore nipples; her physician tried every thing his skill could devise: she thought she should lose them when a friend recommended Sherman's Papillary Oil; she tried it and was immediately relieved, and perfectly cured in five days. This invaluable article is for sale at 106 Nassau street, 643 Broadway, New York, and at 139 Fulton street, Brooklyn.                                    n18

*Anm.d.Übs.: Brustspitzenentzündung — Dr. A.C.Castle, 297 Broadway, hat nachgewiesen, daß Sherman's Papillary Öl selbst in hoffnungslosen Fällen schnell hilft.*
*Die Gattin Seiner Hochwohlgeboren B.B.Beardsley litt sechs Wochen unter Brustspitzenentzündung; ihr Arzt versuchte alles, was im Rahmen seiner Möglichkeiten lag. Sie fürchtete, die Brustwarzen zu verlieren. Dann emfpahl ihr eine Freundin, Sherman's Papillaryöl. Sie probierte es, spürte sofort Erleichterung und war nach 5 Tagen völlig geheilt. Diese unschätzbar wertvolle Medizin ist erhältlich bei: 106 Nassau St., 643 Broadway, New York, und 139 Fulton St., Brooklyn.*

cher war die ewig untätige Dame der ‚besseren' Gesellschaft finanziell sowieso schon total abhängig von ihrem Mann. Natürlich konnte sie es leid sein, ausgehalten zu werden, konnte sie sich ein erfüllteres Leben erhoffen, aber wenn sie davon überzeugt war, daß sie ernstlich krank sei, oder daß sie Gefahr laufen könnte, es zu werden, würde sie dann ausbrechen? Wie würde sie denn überleben können, ohne die teure ärztliche Betreuung, die ihr Mann bezahlte? Schließlich konnte sie nur zu der Überzeugung kommen, daß ihre Unruhe selbst ‚krankhaft' war — nur ein weiterer Beweis dafür, daß sie ein behütetes, inaktives Leben brauchte. Und wenn sie tatsächlich über die lähmende Annahme hinweg kam, daß Frauen von Natur aus krank seien, und wenn sie daraufhin für sie ungewöhnliche Dinge tat, dann konnte man immer einen Arzt finden, der eine Rückkehr zu dem Leben verschrieb, das als normal angesehen wurde.

**Tatsächlich kam diese ärztliche Beachtung, die diesen Frauen**

geschenkt wurde, einem sehr wirksamen Überwachungsmechanismus gleich. Die Ärzte konnten die ersten Anzeichen von Widerspenstigkeit aufdecken und sie als Symptome einer Krankheit interpretieren, die ‚geheilt' werden konnte und mußte.

Eine Krankheit der Gesellschaft

Dr. Schmerz: Nervöse Beschwerden. Sie brauchen Ruhe.
Mr. Aiken: Aber, ich habe nur Ruhe.
Dr. Schmerz: Tja, dann versuchen wir doch mal eine leichte Beschäftigung. Sehen Sie anderen bei der Arbeit zu.

**Ihre Rolle als Kranke kann die Frau auch untergraben**

Es wäre falsch anzunehmen, daß die Frauen bloß die passiven Opfer eines Terrorregimes der Ärzte waren. In mancher Hinsicht konnten sie ihre Krankenrolle zu ihrem Vorteil wenden, besonders als eine Art der Geburtenkontrolle. Für die ‚wohlerzogene' Frau, für die Sex tatsächlich widerwärtig, aber dennoch eine ‚Pflicht' war und eigentlich für jede Frau, die eine Schwangerschaft vermeiden wollte, war ‚sich krank zu fühlen' ein Ausweg — und es gab wenig andere.

Verhütungsmittel gab es praktisch nicht; Abtreibung war gefährlich und illegal. Es wäre einem anständigen Arzt nicht im Traum eingefallen, eine Dame über Verhütungsmethoden aufzuklären (wenn er es überhaupt gekonnt hätte, was sehr unwahrscheinlich ist). Oder gar anzubieten, eine Abtreibung durchzuführen (jedenfalls wenn wir der offiziellen AMA Propaganda glauben schenken wollen). Im Gegenteil, Ärzte widmeten einen beträchtlichen Teil ihrer Energie der ‚Beweisführung' darüber, daß Verhütung und Abtreibung von Natur aus ungesund seien, und daß sie Krankheiten wie Krebs erzeugen konnten. (Das war vor der Pille!) Aber ein Arzt konnte einer Frau doch helfen, indem er sie darin unterstützte, daß sie zu krank für Sex war: er konnte Enthaltsamkeit empfehlen. Wer weiß also, wieviele der kraftlosen Schwindsüchtigen und unlustigen Kranken jener Zeit in Wirklichkeit gesunde Frauen waren, die so taten, als ob sie krank seien, um dem Geschlechtsakt und Schwangerschaften zu entgehen?

Wenn also einige Frauen sich in die Krankheit flüchteten, um damit eine Kontrolle über Geburten — und Sexualität — zu haben, so ist es ganz zweifellos, daß andere in die Krankheit flüchteten, um mehr Aufmerksamkeit und ein begrenztes Maß an Macht in ihren Familien zu bekommen. Heutzutage kennt jeder den (sexistischen) Mythos von der Schwiegermutter, die immer während irgendwelcher familiärer Krisen krank wird. Im 19. Jahrhundert entwickelten Frauen ein ganzes Syndrom, das epidemische Ausmaße hatte, von dem sogar Ärzte sagten, daß es der Frau mehr dazu diene, Macht zu erlangen, als daß es eine tatsächliche Krankheit wäre. Die neue Krankheit war Hysterie, die in vieler Hinsicht den gesamten Kult weiblicher Kränklichkeit in sich vereinte. Sie trat fast ausschließlich bei Frauen der oberen Mittelschicht und Oberschicht auf; sie hatte keine feststellbare organische Ursache; und sie reagierte überhaupt nicht auf medikamentöse Behandlung. Schon allein aus diesen Gründen ist sie es wert, einigermaßen gründlich behandelt zu werden.

Ein zeitgenössischer Arzt beschreibt einen hysterischen Anfall folgendermaßen:

*Die Patientin ... verliert ihren normalen Gesichtsausdruck; er wird durch ein leeres Starren ersetzt. Sie fängt an zu zittern, fällt hin, wenn sie zuvor gestanden hat und bekommt heftige Gliederkrämpfe; sie windet sich heftig, schlägt sich gegen die Brust, zerzaust manchmal ihre Haare und versucht, sich und andere zu beißen. Und obwohl sie eine zarte Frau ist, entwickelt sie Muskelkräfte in einem solchen Maße, daß vier oder fünf Leute nötig sind, um sie festzuhalten.*

Hysterie trat nicht nur in Form von Ohnmachtsanfällen auf, sondern hatte noch eine Reihe anderer Erscheinungsbilder: hysterischer Verlust der Stimme, Verlust des Appetites, hysterisches Husten und Niesen, und — selbstverständlich — hysterisches Schreen, Lachen und Weinen. Die Krankheit griff weit um sich, aber fast ausschließlich unter den Frauen der städtischen weißen Oberschicht, und da besonders in der Altersgruppe zwischen 15 und 45.

Die Ärzte fühlten sich von dieser „verwirrendsten, geheimnisvollsten und widerspenstigsten aller Krankheiten" verfolgt. Einerseits war sie die ideale Krankheit für die Ärzte: sie war niemals tödlich, und sie erforderte eine fast endlose medizinische Behandlung. Aber in den Augen der Ehemänner und Familien der erkrankten Frauen war sie nicht im geringsten ideal. Zarte Kränklichkeit war ja ganz schön gewesen, heftige Anfälle waren es nicht. Also waren die Ärzte gezwungen, im Fall der Hysterie zu beweisen, was sie konnten. Es war für ihr berufliches Selbstwertgefühl unerläßlich, entweder eine organische Ursache der Krankheit zu finden und sie dann zu heilen, oder sie als gekonntes Schauspiel zu entlarven.

Es gab eine ganze Reihe Anhaltspunkte für letztere Auffassung. Argwöhnisch begann man in der medizinischen Literatur festzustellen, daß Hysterikerinnen nie Anfälle hatten, wenn sie allein waren und auch sonst nur dann, wenn irgend etwas weiches da war, worauf sie fallen konnten. Ein Arzt warf ihnen vor, daß sie ihr Haar so aufsteckten, daß es dekorativ fiel, wenn sie ohnmächtig wurden. Der hysterische ‚Typus' wurde jetzt als ein ‚kleiner Tyrann' dargestellt, mit einem ‚Hang zur Macht' über Mann, Dienerschaft und Kinder und darüberhinaus, wenn möglich, über den Arzt.

Entsprechend der Interpretation der Historikerin Carroll Smith-Rosenberg steckte in den Vorwürfen der Ärzte ein Körnchen Wahrheit; der hysterische Anfall muß für viele Frauen der einzig mögliche Ausbruch — von Wut, Verzweiflung oder einfach von **Energie** gewesen sein. Aber als Form des Kampfes war er sehr begrenzt. Wieviele Frauen auch immer die Methode ergriffen, sie blieb doch eine völlig individuelle: Hysterikerinnen schließen sich nicht zusammen um zu kämpfen. Als Machtspielchen mochte ein Anfall einen kurzfristigen psychologischen Vorteil gegenüber dem Mann oder Arzt einbringen, aber schließlich spielte er doch wieder den Ärzten in die Hände, weil er ihre Vorstellung von Frauen als

Aus dem Bettmann Archiv

irrational, unberechenbar und krank nur bestätigte.

Im großen und ganzen jedoch bestanden die Ärzte darauf, daß Hysterie eine richtige Krankheit sei — eine Krankheit des Uterus nämlich (Hysterie kommt vom griechischen Wort für Uterus). Sie hielten unerschütterlich daran fest, daß ihre Hausbesuche und hohen Arzthonorare notwendig waren; aber gleichzeitig wurde sowohl in ihrer Behandlung, als auch in ihren Schriften deutlich, daß sie langsam ziemlich verärgert waren und eine immer bedrohlichere Haltung einnahmen. Ein Arzt schrieb: „Es kann manchmal notwendig sein, in Gegenwart der Patientin in sehr bestimmtem Ton darüber zu sprechen, daß man ihren Kopf rasieren oder sie einer kalten Dusche aussetzen müsse, sollte sie nicht bald genesen." Dann ‚rationalisierte' er diese Behandlungsmethode, indem er sagte: „Der sedative Einfluß der Angst kann, das habe ich öfter erlebt, die Nervenzentren beruhigen ..."

Carroll Smith-Rosenberg schreibt, daß Ärzte empfehlen, hysterische Frauen solange zu würgen, bis der Anfall vorüber sei, sie mit nassen Handtüchern überall im Gesicht und am ganzen Körper zu schlagen, und sie vor der Familie und vor Freunden in Verlegenheit zu bringen. Sie zitiert Dr. F.C.Skey: „Spott ist gegenüber einer sensiblen Frau eine mächtige Waffe ... aber nichts kann sich in der emotionalen Wirkung mit Angst oder der Androhung von persönlicher Züchtigung messen ... Sie werden auf die Stimme der Autorität hören." Je mehr Hysterie unter den Frauen grassierte, umso strafender wurden die Maßnahmen der Ärzte, und andererseits begannen die Ärzte die Krankheit überall zu sehen, bis sie schließlich jede selbständige Handlung einer Frau, besonders aber frauenrechtlerische Aktivitäten als ‚hysterisch' diagnostizierten.

Mit der Hysterie kam die Kultivierung der weiblichen Invalidität zu ihrem logischen Ende. Die Gesellschaft hatte den wohlhabenden Frauen ein abgeschlossenes, untätiges Leben zugewiesen, und die Medizin hatte diese Zuweisung gerechtfertigt, indem sie die Frau als von Natur aus krank beschrieb. In der Hysterieepidemie akzeptierten die Frauen ihre ‚angeborene' Kränklichkeit **und** sie fanden eine Art und Weise, sich gegen ihre unerträgliche soziale Rolle aufzulehnen. Krankheit, die zu einem Lebensstil geworden war, wurde nun auch zu einer Art des Widerstandes, und die Medizin, in der schon immer starke Elemente von Zwang geherrscht

hatten, zeigte sich nun offen und brutal unterdrückerisch. Aber Hysterie ist mehr als nur ein seltsamer Auswuchs in der Geschichte der Medizin. Die Hysterieepidemie des 19. Jahrhunderts hatte weitreichende Folgen, denn sie bereitete den Weg für einen völlig neuen ‚wissenschaftlichen' Ansatz, um Frauen ärztlich unter Kontrolle zu haben.

Während sich in Amerika der Konflikt zwischen den Frauen und ihren Ärzten im Zusammenhang mit Hysterie zuspitzte, arbeitete Sigmund Freud in Wien an einer neuen Heilmethode, die die Hysterie schließlich ganz aus dem Bereich der Gynäkologie herausnahm. Mit einem Schlag löste er das Problem der Hysterie und umriß eine neue Sparte der Medizin. „Die Psychoanalyse", wie

Aus dem Bettmann Archiv

Der Psychiater tritt auf den Plan

Carrol Smith-Rosenberg sagt, „ist das Kind der hysterischen Frau." Freud gründete seine Heilmethode darauf, die Regeln des Spieles zu ändern: zunächst einmal, indem er die Frage ausschloß, ob die Frau nur so tat als ob. Wie Thomas Szasz gezeigt hat, beharrt die Psychoanalyse darauf, „daß Simulieren eine Krankheit ist — sogar eine 'ernstere' Krankheit als Hysterie." Und dann klassifizierte Freud Hysterie als eine seelische Krankheit. Er verwarf die traumatischen ‚Behandlungen' und führte eine Arzt-Patientin-Beziehung ein, die nur aus Sprechen bestand. Seine Therapie bestärkte die Patientin, ihren Groll und ihre Widerspenstigkeit zuzugeben, nur um dann schließlich doch ihre Rolle als Frau zu akzeptieren.

Unter Freuds Einfluß wanderte das Messer, mit dem man die Natur der Frau sezierte, von der Hand des Gynäkologen in die des Psychiaters. In vieler Hinsicht stellt die Psychoanalyse einen klaren Bruch mit der Vergangenheit und einen wirklichen Fortschritt für die Frauen dar: sie war zum einen nicht körperlich schädlich und gestattete Frauen zum anderen, sexuelle Empfindungen zu haben (wenn auch vaginale Empfindungen als normal für erwachsene Frauen angesehen wurden; klitorale Empfindungen waren ‚unreif' und ‚männlich'). Aber in wichtigen Punkten trat die Freudsche Theorie über die weibliche Natur die direkte Nachfolge der gynäkologischen Betrachtungsweise an, die sie ersetzte: Sie erhielt die Anname aufrecht, daß die weibliche Persönlichkeit von Natur aus defekt sei, diesmal, weil die Frau keinen Penis hat und nicht, weil sie einen Uterus hat. Die Frauen waren also immer noch ‚krank', und ihre ‚Krankheit' beruhte weiterhin nur auf ihrer Anatomie.

# Die ‚ansteckenden' Frauen der Arbeiterklasse

Während Ärzte für die wohlhabenden Frauen Krankheiten produzierten, machten die Lebensbedingungen in den anwachsenden Slums der Großstädte das Leben für arme Frauen geradezu gefährlich. Wohnblocks, in denen es manchmal nur ein Klo für Dutzende von Familien gab, waren hervorragende Brutstätten für Typhus, Gelbfieber, TB, Cholera und Diphterie. Frauen, die außer Haus arbeiteten, schufteten oft 10 Stunden und mehr in überfüllten, schlecht gelüfteten Fabriken oder Arbeitshäusern, wo sie ständig der Gefahr von tödlichen oder verunstaltenden Arbeitsunfällen ausgesetzt waren.

Eine Frau, die zwischen 1900 und 1910 in der Bekleidungsin-

dustrie arbeitete, beschrieb ihre Arbeitssituation folgendermaßen:
*Ich sehe die gefährlichen, kaputten Treppen in fast allen dieser sog. Fabriken wieder vor mir. Wenige Fenster, und die so dreckig, daß die Sonnenstrahlen sie nur selten durchdringen konnten. Die Holzfußböden, die nur einmal im Jahr geputzt wurden ... Keine Umkleideräume, außer dem schmutzigen, stinkenden Waschraum am Ende des Flurs. Kein frisches Trinkwasser außer dem billigen Sprudel, den der alte Händler verkaufte. Arbeitshallen, in denen Mäuse und Küchenschaben genauso dazugehörten, wie die Maschinen und die Menschen.*

Krankheit, Erschöpfung und Verletzungen gehörten zum täglichen Leben der Arbeiterin. Ansteckende Krankheiten befielen die Häuser der Armen zuerst und am schlimmsten.

Wenn sie im fünften oder sechsten Stock eines Hauses ohne Fahrstuhl lebte, dann litt eine Frau unter einer Schwangerschaft; und in einem völlig vollgestopften Raum eines Wohnblocks zu entbinden, war oft eine fürchterliche Qual. Emma Goldman, die sowohl ausgebildete Hebamme als auch eine führende Anarchistin war, beschrieb die „verbissenen, blinden Kämpfe der armen Frauen gegen häufige Schwangerschaften" und berichtete, wie schrecklich es ist, Kinder „krank und unterernährt" aufwachsen zu sehen

— vorausgesetzt, daß sie ihre frühe Kindheit überhaupt überleben. Die Frauen, die außer Haus arbeiten mußten, litten schrecklich unter den Zuständen am Arbeitsplatz. In einem 1884 vom Statistischen Amt von Massachusetts veröffentlichten Bericht über eine Untersuchung über „Die arbeitenden Mädchen in Boston" heißt es:

*... die Gesundheit vieler Mädchen ist so schlecht, daß sie lange Ruhepausen brauchen; ein Mädchen blieb ihrer Arbeit sogar ein Jahr fern. Ein anderes Mädchen war gezwungen, ihre Arbeit ganz aufzugeben, während wieder eine andere berichtet, daß sie nicht das ganze Jahr arbeiten kann, weil sie zu schwach ist, um diese Belastung auszuhalten. Ein Mädchen ... mußte wegen mangelnder Gesundheit aufhören zu arbeiten, weil die schlechtgelüfteten Räume sie total ruiniert hatten und sie acht Monate Ruhe brauchte. Sie arbeitete in diesen acht Monaten eine Woche, mußte aber aufgeben, um ihr Leben zu retten. Sie sagt, daß sie sich fast zu Tode schuften muß, um ein einigermaßen ausreichendes Einkommen zu haben (jetzt etwa 12 Dollar in der Woche).*

Dennoch, wie krank und müde Arbeiterinnen auch immer gewesen sein mögen, sie hatten gewiß nicht die Zeit und das Geld, ihre Krankheit zu kultivieren. Die Arbeitgeber gaben ihnen keinen Urlaub vor und nach der Geburt oder gar während der Menstruation, obwohl die Ehefrauen derselben Arbeitgeber unter solchen Umständen selbstverständlich zu Bett gingen. Wenn sie einen Tag bei der Arbeit fehlte, konnte das eine Frau ihren Job kosten, und zu Hause gab es auch keine bequeme Couch, auf der sie zusammenbrechen konnte, während die Dienerschaft den Haushalt versorgte und der Arzt sich der Krankheit annahm.

Zwei Frauen aus der Bekleidungsindustrie erinnern sich:

*Wir standen auf und gingen zur Arbeit und gingen von der Arbeit direkt ins Bett ... und wenn wir manchmal doch noch etwas zu Hause aufblieben, waren wir so müde, daß wir uns mit den anderen nicht unterhalten konnten; wir wußten kaum, worüber wir sprachen. Und obwohl es für uns nichts gab außer der Arbeit und dem Bett, verdienten wir nicht genug, um uns während schlechter Zeiten zu ernähren.*

Ärzte, die sich eifrig um die Beschwerden reicher Frauen kümmerten, hatten keine Zeit für die Armen. Lilian Wald, eine Krankenschwester, die ihre eigene Praxis in der New Yorker East Side (einer der großen New Yorker Slums am südöstlichen Ende von Manhattan, Anm.d.Übers.) aufmachte, schrieb über die Schwierig-

> **IF YOU DON'T COME IN SUNDAY DON'T COME IN MONDAY.**
>
> **THE MANAGEMENT**

*Anm.d.Übs.: Wenn Sie nicht am Sonntag kommen, können Sie auch am Montag zu Hause bleiben. Die Firmenleitung*

keiten, denen sie begegnete, als sie versuchte, einen Arzt für eine sterbende Frau, die in den Slums wohnte, zu finden. Wenn Emma Goldman die Ärzte, die sie kannte fragte, ob sie ihr irgendetwas über Verhütung sagen könnten, womit sie den Armen helfen könnte, bekam sie Antworten wie diese: „die Armen haben selbst Schuld; sie geben sich ihren Trieben zu sehr hin" und „wenn sie (die armen Frauen) ihren Kopf mehr anstrengten, dann würden ihre Fortpflanzungsorgane nicht so gut funktionieren." Im großen und ganzen bestand die medizinische Behandlung der Armen aus alten Hausmitteln und billigen Medikamenten. Nur die, denen es schon so schlecht ging, daß sie sich gegen nichts mehr wehren konnten, gingen in die öffentlichen Krankenhäuser, in denen die mangelnde Pflege und die Unsauberkeit die Überlebenschancen nur verringerten.

Zwar zeigte sich die Öffentlichkeit nicht über den Gesundheitszustand der armen Frauen besorgt, aber die Besorgnis der Oberschicht bezüglich des schlechten Einflusses der Armen auf die ‚Gesundheit' der Städte war umso größer.

Aus dem Bettmann Archiv

Frauenstation im Bellevue Krankenhaus

Die Amerikaner gefielen sich zwar darin, von ihrer klassenlosen Gesellschaft zu sprechen, aber man konnte einfach die zunehmende Klassenpolarisierung in den Städten nicht mehr übersehen, wo oft die feinen Häuser der Reichen nur eine Straßenbahnstation von solch üblen Slums wie New Yorks Höllenküche und Lower East Side und Bostons North Side entfernt waren. Es hatte schon immer arme Leute gegeben, natürlich, aber noch nie waren es so viele gewesen, und noch nie hatten sie sich so stark von allen anderen unterschieden. Massen von Immigranten aus Süd- und Osteuropa hatten eine Arbeiterklasse gebildet, die ihre eigene Sprache und ihre eigenen Gebräuche hatte. Zu Ende des 19. Jahrhunderts gab es in den großen Industriestädten Amerikas — New York, Cleveland, Chicago — mehr Immigranten als ‚eingeborene Amerikaner'. Städ-

Aus dem Bettmann Archiv

Gesundheitsfürsorge in einer ambulanten Klinik für Arme

te, die einmal der friedlichen Mittelschicht gehörten, waren jetzt Schauplätze von Epidemien, Lastern, behördlicher Korrpution und — was am meisten Furcht erregte — von Aufständen und gewaltsamen Streiks. Die Ursachen für die Unruhe in der Arbeiterklasse war offensichtlich für alle, die sie sehen wollten, aber es war einfach bequemer, den Armen selbst die Schuld in die Schuhe zu schieben. Da Unruhen zu Repressionen und die wieder zu neuen Unruhen führten, begannen sich die Wohlhabenden in ihrem eigenen Land belagert zu fühlen — umgeben von ungewaschenen, aufrührerischen, ‚unamerikanischen' Armen.

Klassenkämpfe waren — in den Augen der immer schicker und reicher werdenden Mittelschicht — unnatürlich, unamerikanisch, kurz, etwas, das nur ‚da drüben' im dekadenten Europa passierte. Glücklicherweise brachte die ‚Wissenschaft' Erkenntnisse bei, die es erlaubten, über Klassenpolarisierung zu sprechen, ohne dem Nationalstolz zu schaden. Die Grundidee, daß die Armen ‚von Natur aus' unterlegen seien, wies eine bemerkenswerte Parallele zu den medizinischen Theorien über Frauen auf.

Zunächst gab es da einmal die Darwinsche Evolutionstheorie, die praktischerweise zwischen 1860 und 1880 ins öffentliche Bewußtsein drang, gerade noch rechtzeitig; um die aufkommenden Klassenunterschiede zu erklären. Wenn es Leute gab, die mehr hatten als andere — mehr Geld, mehr Freizeit, bessere Wohnungen usw. — dann war das nur ein weiterer Beweis für das große Naturgesetz: das Überleben des Tüchtigen. Es wäre ‚unwissenschaftlich' gewesen, hätte man Armut als ein Ergebnis von sozialer Ungerechtigkeit gesehen, war es doch nur die Natur, die die offensichtlich ‚Untüchtigen' aussonderte.

In Anbetracht der großen Evolution der Natur war die rebellierende Haltung der Armen bestenfalls kurzsichtig. Meistens wurde sie aber als eine Verletzung der natürlichen Ordnung angesehen, d.h. als Krankheit. Zeitgenossen beschrieben Klassenkämpfe in Metaphern, die sich genauso an die Medizin anlehnten wie an Marx. Beispielsweise erklärte ein Autor in einer Wirtschaftszeitschrift kurz nach dem Haymarket-Aufstand von 1886, daß Anarchie eine

Immigrantenfamilie

‚Blutkrankheit' sei, die alle, außer Amerikaner mit Yankeeherkunft, befallen kann.

1885 rief ein führender Geistlicher auf, die Arbeiterunruhen rational anzugehen, die ja grundsätzlich ‚physiologische' Ursachen hätten. Rassenprobleme wurden genauso behandelt; das am weitesten hergeholte Beispiel ist die von Dr. Samuel A. Cartwreight vor dem Bürgerkrieg aufgestellte Theorie, daß die Tendenz von Sklaven, wegzulaufen, auf eine ererbte Blutkrankheit zurückzuführen sei — der er den lateinischen Namen ‚Drapetomanie' gab. (Sie war natürlich durch harte Arbeit und Prügel heilbar). Genauso wie Gynäkologen die Unruhe der Frauen auf eine mangelhafte Funktion der Eierstöcke zurückführten, betrachteten Sozialkritiker die Armen als eine ‚Rasse', die von krankhaften aufrührerischen Tendenzen befallen war.

**Biologischer Klassenkrieg**

Sozialdarwinismus war zwar eine beruhigende Ideologie für die, die oben saßen, aber er nahm ihnen nie ganz die Angst, daß durch irgend eine Ironie der Naturgeschichte die Armen doch den **biologi-**

schen Klassenkrieg gewinnen könnten. Erstmal gab es das Problem der Ansteckung durch die Armen. Krankheit wurde unvermindert als aus dem Ausland kommend betrachtet – eingeführt auf den Immigrantenschiffen und in den Immigrantenslums ausgebrütet. In der Mitte des vorigen Jahrhunderts schrieb ein ehemaliger Oberbürgermeister von New York in sein Tagebuch, die Immigranten seien:

*dreckig, unberechenbar, nicht an die Bequemlichkeit des Lebens gewöhnt und ohne Sinn für Anstand. (...) (Sie) kommen in großen Massen in die dichtbevölkerten Städte des großen Westens, und mit den Krankheiten, die sie auf den Schiffen aufgeschnappt haben und die sich durch ihre schlechten Gewohnheiten an Land nur noch verschlimmern, stecken sie die Bewohner dieser so schönen Städte an.*

In ihrem Buch über Haushaltshygiene (Woman, Plumbers and Doctors, or Household Sanitation, 1885 – Frauen, Klempner und Ärzte, oder die Reinlichkeit des Hauses, Anm.d.Übers.) warnte Mrs. H.M. Plunkett:

*Ein Mann kann in einer der schönsten 'Avenues' wohnen, und die sanitären Anlagen in seinem Haus können die neuesten und teuersten sein, wenn aber einen Kilometer entfernt ein ‚Slum' oder bloß ein verlassenes Mietshaus steht und er seine Fenster offen hat, dann werden sanfte Brisen kommen, die Bazillen aufnehmen und an die verteilen, denen sie begegnen, ob es Millionäre oder arme Schlucker sind; sie werden es mit absolut ausgleichender und demokratischer Unparteilichkeit tun.*

Die Theorie – die sich in den 90-er Jahren in der Öffentlichkeit breitmachte (wenn auch in einer etwas verfälschten Form) – daß Krankheit auf Bazillen beruht, gab der Angst vor Ansteckung eine konkrete Grundlage. Es konnte nicht länger abstrakt ‚Dreck', Ansteckungsstoffe und göttlicher Wille für Krankheiten verantwortlich gemacht werden. Es gab wirkliche, existierende Bazillen, die von Menschen übertragen wurden – und von den Dingen, die diese Menschen anfaßten. Die Amerikaner, die nur eine Generation früher gefürchtet hatten, daß Baden schädlich sei, hatten plötzlich nur noch eine Sorge: Bazillen.

Man sagte nicht, daß man nicht in die Ghettos gehe, weil man fürchtete, überfallen zu werden, sondern wegen der Ansteckungsgefahr. Tatsächlich waren plötzlich alle öffentlichen Plätze und Einrichtungen gefährlich, wie diese Zeitschriftenschlagzeilen aus der Zeit zwischen 1900 und 1940 zeigen: ,,Bücher sind ansteckend",

*Anm.d.Übs.: Sarggeschäft*
*Wieder einmal kommt ein vornehmer Ausländer an.*

„Ansteckung über Telefon", „Infektion und Briefmarken", „Krankheit aus der Wäscherei" und „Die Gefahren des Frisiersalons".

Es gab sicher eine rationale Grundlage für die Angst, sich bei den Armen anzustecken. Ansteckende Krankheiten kamen öfter bei den Armen vor, und da die Wissenschaftler selbst nicht so genau wußten, wie Bazillen übertragen werden, war es wohl am sichersten, einfach den Kontakt zu den Armen so weit wie möglich zu vermeiden. Aber für unsere Zwecke ist die Unterscheidung zwischen intelligenter Vorsicht und offenen Vorurteilen nicht so wichtig. Das eigentlich Wichtige ist, daß die Oberschicht ihrer Angst vor den Armen als Angst vor Ansteckung **Ausdruck gab**, gerade so wie heute Weiße sagen mögen, daß sie nichts gegen Kontakt zu Schwarzen an sich haben, sondern daß sie Angst vor Verbrechen (oder Drogen) haben.

Die zweite Front im biologischen Klassenkrieg beschäftigte sich nicht mit Bazillen sondern mit Genen. Wenn man Darwin optimistisch interpretierte, dann hieß das, daß die ‚bessere' Klasse bald zahlreicher sein würde als die weniger Tüchtigen, und diese dann auch beherrschen würde. Armut war ihr eigenes Heilmittel; epidemische Krankheiten unter den Armen waren wohltuende Hilfsmittel für die natürliche Selektion. (1870 bemerkte ein Beobachter, daß die Rassenprobleme sich wohl bald selbst lösen würden. Die befreiten Sklaven, die in tiefster Armut in den Städten des Nordens lebten, schienen dem Aussterben immer näher zu kommen). Aber um die Jahrhundertwende schien es so, als ob, durch eine fürchterliche Abweichung von den Naturgesetzen, die **besseren** Schichten zum Aussterben verdammt seien.

Die Geburtenrate der WASP-Amerikaner (Amerikaner der weißen Rasse, die aus angelsächsischen, protestantischen Familien stammen, Anm. d.Übers.) war etwa seit 1820 stetig gefallen. Trotz ihrer hohen Sterblichkeitsrate glaubte man, daß Immigranten und Schwarze sehr fruchtbar seien. Edward Ross, ein Autor des frühen 20. Jahrhunderts, der für diese Zeit liberal war, meinte, daß die

Aus dem Bettmann Archiv

Fruchtbarkeit der Immigranten mit ihrer ‚rauhen, bäuerlichen Sexphilosophie, ihrem Gekreische und ihren tierischen Vergnügungen' zusammenhing. All dies war den feinen Leuten verhaßt, aber der Gedanke des Aussterbens war es noch mehr.

Prof. Edwin Conklin von der Princeton Universität schrieb um 1890:

*Der Grund für die Bestürzung ist die absinkende Geburtenrate unter den besten Elementen unserer Bevölkerung, während sie bei den schlechteren Elementen weiterhin ansteigt. Die Nachkommen der Puritaner und der Edelleute ... verschwinden schon, und sie werden in ein paar Jahrhunderten spätestens den Platz geräumt haben, zugunsten fruchtbarerer Rassen ...*

1903 machte Theodore Roosevelt die Nation darauf aufmerksam, daß sie der Gefahr eines ‚Rassenselbstmordes' entgegengehe:

*Wenn sich bei den Menschen — wie bei allen anderen Lebewesen — die bessere Spezies nicht, die schlechtere aber doch fortpflanzt , dann wird die Rasse verschwinden. Wenn die Amerikaner vom alten Schlag ein Leben zölibatären Eigennutzes leben ... oder wenn die Verheirateten von einer so tiefen Lebensangst befallen sind, die ihnen — ob nun zum Wohle ihrer selbst oder ihrer Kinder — verbietet, mehr als ein oder zwei Nachkommen zu haben, dann geht die Nation einer Katastrophe entgegen.*

Er hatte nichts gegen Verhütung im allgemeinen, da er voraussetzte, ,,daß es zweifellos Gemeinschaften gibt, denen es im Interesse der Welt zu wünschen wäre, daß sie aussterben", aber für die WASP-Frauen der oberen Mittelschicht und Oberschicht war es einfach unpatriotisch.

### Eine besondere Gefahr: Die Arbeiterin

Die Männer der Arbeiterklasse waren als Streikende, Aufrührer oder Terroristen an der Front der politischen Klassenkämpfe. Von den Frauen der Arbeiterklasse wurde behauptet, daß sie einen hinterlistigen, biologischen Kampf führten. Als Gebärende waren sie einfach besser als die ‚zarten' Damen der besseren Schichten. Als Überträger von Krankheit wurden sie als besonders gefährlich betrachtet, weil sie oft — öfter jedenfalls als die Männer der Arbeiterklasse — in direkten Kontakt mit wohlhabenden Leuten kamen. Während die Männer (sicher hinter den Mauern ) in der Schwerindustrie aufgehoben waren, suchten die Frauen da Arbeit, wo die beschäftigungslosen Damen der Oberschicht Lücken gelassen hatten. ‚Damen' nähten nicht mehr und führten auch keinen Haushalt; und sie waren viel zu wohlerzogen, als daß sie die sexuellen Bedürfnisse ihrer Männer befriedigt hätten. Folglich waren Bereiche wie Haushalt, Bekleidungsindustrie und Prostitution für die Frauen der Arbeiterklasse offen.

Wo immer Arbeiterfrauen oder ihre Produkte in die Häuser der

*Anm.d.Übs.: Kleidung mit diesem Etikett schützt den Käufer vor Ansteckung. Garantiert*
*— daß sie aus einem sauberen, modernen Betrieb kommt*
*— daß sie von gewerkschaftlich organisierten Fachkräften geschneidert wurde.*
*Bei allen erstklassigen Händlern erhältlich.*

*Anm.d.Übs.: Diesem Betrieb wurde vom Gesundheitsüberwachungsamt bescheinigt, daß er alle Bestimmungen bzgl. Sicherheit und Hygiene erfüllt.*

‚besseren' Schichten kamen, konnten da die Bazillen lange auf sich warten lassen? Kleidungsstücke, die in winzigen Werkstätten genäht waren, konnten ja schon Krankheitserreger in die Häuser der Reichen bringen, und die Textilarbeitergewerkschaft spielte diese Angst noch hoch, indem sie die Leute aufforderte, nur Kleidungsstücke zu kaufen, die den Gewerkschaftsstempel trugen, da diese in ‚hygienischen' Fabriken und nicht in unüberwachten Werkstätten gemacht seien. Der Gewinner des Essaypreises der American Federation of Labor (Amerikanischer Gewerkschaftsbund, Anm.d.Übers.) schrieb um 1912 zum Thema ‚Gewerkschaftsstempel': „Der Gewerkschaftsstempel ist tatsächlich die einzige Garantie dafür, daß die Produkte irgendeines Industriezweiges so sind, daß sie in bessere Häuser gebracht werden dürfen." Was die Gewerkschaften eigentlich wollten war, daß die Verbraucher aus ihrem eigenen Interesse an Hygiene die Sache der Arbeiterklasse unterstützten, aber diese Strategie hatte eben manchmal die genau entgegengesetzte Wirkung. Der AFL-Präsident Samuel Gompers beklagte 1903, daß gewisse Verbraucherorganisationen, denen ‚wohlmeinende, philantropische Damen' angehörten, ihre eigenen Stempel machten, und diese nur als Hygienegarantie verwendeten, ohne jedoch Löhne, Arbeitsbedingungen und Arbeitszeit der Arbeiterinnen in Betracht zu ziehen; manchmal machten sie so der Gewerkschaft Konkurrenz!

Die Hausangestellten, „die Fremden in unseren vier Wänden", konnte man nicht so schnell loswerden. Man kam ohne sie nicht aus, aber konnte man ihnen trauen? Eine Frau, die die ersten Jahrzehnte dieses Jahrhunderts noch miterlebt hatte, erzählte uns: „Wenn irgendetwas vermißt wurde, zum Beispiel ein Stück von dem silbernen Besteck, dann mußte das eine Bedienstete genommen haben. Wurde ein Familienmitglied krank, so wurde natürlich angenommen, daß das Personal die Krankheit eingeschleppt hatte".

Im Fall der Typhoid Mary (Typhus-Mary, Anm.d.Übers.) wurde die Aufmerksamkeit der Öffentlichkeit wieder auf die Ansteckungsgefahr durch das Hauspersonal gelenkt. Eine kurze Zusammenfassung dieses Falles spiegelt die dramatischen Ausmaße wieder.

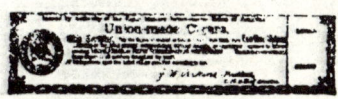

The picture on the other side REPRESENTS A

**TENEMENT HOUSE CIGAR FACTORY.**

**BEWARE OF CIGARS MADE IN THOSE FILTHY PLACES.**

· **THEY BREED DISEASE** ·

The above Blue Label of the

**C.M.I.U. * A.**

on a box containing cigars is the only safe-guard against Tenement House Product.

*Anm.d.Übs.: Das Bild auf der Rückseite stellt eine Fabrik dar, die Zigarren in Heimarbeit drehen läßt. Hüten Sie sich vor Zigarren, die in solchen Drecklöchern gemacht werden. Sie übertragen Krankheiten. Nur wenn auf einer Zigarrenschachtel das oben abgebildete blaue Etikett der C.M.I.U. oder A. klebt, können Sie sicher sein, daß es keine Heimarbeitsware ist.*

*Mary Mallon war eine Köchin irisch-amerikanischer Abstammung, die in den Seidenwirkbezirken arbeitete — Oyster Bay, Park Avenue, Sands Points, Dark Harbor, Maine. Ihre Zeugnisse waren gut und ihre Arbeitgeber mochten ihre Küche, und sie waren überrascht, wie sicher sie Familienkatastrophen, die immer wieder in ihrem Arbeitsalltag vorkamen, meisterte.
Als sie schließlich 1915 aufgegriffen wurde, hatte sie 52 Typhusfälle auf ihrem Weg zurückgelassen; drei davon waren tödlich gewesen, alle in den Häusern ihrer Arbeitgeber. Diese hatten immer irgendeinem anderen Mitglied der Dienerschaft die Schuld für den Ausbruch der Krankheit in ihrem Haus gegeben, bis die unermüdlichen Untersuchungen der New Yorker Gesundheitsbehörde feststellten, daß Ms. Mallon die eigentlich Schuldige war. Die Labortests bewiesen es: sie war Typhusüberträgerin, ohne selbst an der Krankheit zu leiden. Das erstemal wurde sie 1907 festgenommen und auf einer kleinen Insel im East River in Quarantäne gehalten;*

*nach drei Jahren wurde sie auf Bewährung freigelassen, unter der Voraussetzung, daß sie nicht mehr kochen würde. Im Jahre 1913 verschwand sie jedoch und tauchte zwei Jahre später wieder auf – sie kochte wieder – in einem Krankenhaus in Queens, in dem Typhus grassierte.*

*Ms. Mallon behauptete immer, daß sie nie Typhus gehabt habe, also die Krankheit auch nicht übertragen könne, daß sie vielmehr der Sündenbock für öffentlichkeitshungrige Beamte der Gesundheitsbehörde sei. Als die Beamten sie 1907 zum erstenmal gefangennahmen, leistete sie zunächst heftigen Widerstand mit einem Schnitzmesser, dann floh sie durch ein Hinterfenster und verbarrikadierte sich mit Tonnen. Sie wurde in einem Auto zum Labor der Gesundheitsbehörde gebracht, und die berühmte Gesundheitsbeamtin Dr. Josephine Baker mußte sich auf sie setzen, um sie ruhig zu halten. Ihre letzte Festnahme 1915 war, so berichtete die New York Times, „genauso lebhaft wie die erste" und bestand auch hauptsächlich aus einer Jagd durch die Hinterfenster und Hinterhöfe.*

Hier war der biologische Guerillakampf am schlimmsten. Die Sonntagsbeilagen der Zeitungen karrikierten Ms. Mallon als eine Furie, die Menschenschädel in einer Pfanne brät, während die New York Times schlicht die Gefahren schilderte, die darin liegen konnten, Hauspersonal einzustellen, ohne vorher gründlich Nachforschungen über seine Referenzen anzustellen. Die ‚Typhus-Mary' überlebte in der Volkssage als die ‚ansteckende' Frau, die alles vergiftet, was sie anfaßt.

Natürlich wissen wir heute, daß sie als Typhusüberträger eine medizinische Anomalie, d.h. eine seltene Ausnahme war. Aber für die Mittelschicht ihrer Zeit stellte sie eben die Bedrohung dar, die alle Arbeiterinnen verkörperten: sie konnten wohl unschuldig und robust und gesund **aussehen**, aber wer konnte schließlich wissen, welche gefürchteten Krankheiten sie in sich trugen.

## Prostitution und Geschlechtskrankheiten

Obwohl auch die Dienstmädchen und überhaupt alle Frauen der Arbeiterklasse unter Verdacht standen, erregte doch niemand so sehr die Bazillenängste der Mittelschicht wie die Prostituierten. Sie waren einfach ein Reservoir gefährlicher Krankheiten, das sich regelmäßig über die feineren Leute ergoß: sie infizierten den Fötus im Mutterleib, machten unschuldige Frauen zu Krüppeln und zogen sündige Männer in den Abgrund. Prostitution war in der Gründerzeit der Nation kein Problem gewesen, aber im späten 19. und frühen 20. Jahrhundert machten Verstädterung und Armut sie zu einem blühenden Gewerbe. Für viele Bürger, die Reformen anstrebten (darunter viele Frauen aus der Frauenbewegung) war Prostitution mehr als nur ein Gesundheitsproblem, es war das gesellschaftliche Übel überhaupt, das Bestechlichkeit von Beamten, Familienzusammenbrüche in der Unterschicht und eine allgemeine Unmoral zur Folge hatte.

Die besten Informationen, die wir über das Ausmaß von Prostitution und Geschlechtskrankheiten in den ersten Jahrzehnten dieses Jahrhunderts haben, stammen aus einer Reihe von Untersuchungen, die vom John D. Rockefeller-Büro für Sozialhygiene (eine private, freiwillige Institution) durchgeführt wurden. Einem der Berichte dieses Büros von Dr. Howard Woolston zufolge, war die Aufregung um 1910 am größten, als die Möglichkeit einer amerikanischen Beteiligung am ersten Weltkrieg „den Amerikanern so

Aus dem Bettmann Archiv

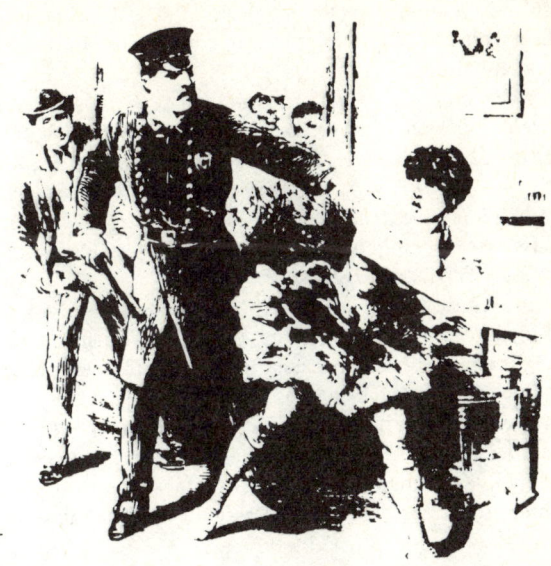

Polizeirazzia in einem Bordell

klarmachte wie nichts zuvor in der Geschichte des Landes, welche Gefahr Prostitution und Geschlechtskrankheiten für die jungen Männer der Nation bedeutete".

Bis 1917 (aus diesem Jahr stammt der Bericht) hatte die Polizei einschneidend in das Gewerbe eingegriffen, und trotzdem fand Dr. Woolston 200 000 Frauen „in einer regelrechten Lasterarmee", von denen schätzungsweise 60 bis 75 % Geschlechtskrankheiten hatten. Folglich waren etwa 25 bis 35 % der erwachsenen Bevölkerung der Städte infiziert. Nicht nur die Arbeiter mit ihren ‚tierischen Vergnügungen', sondern auch Geschäftsleute, College-Studenten und Akademiker zählten zu den Opfern.

Nur die Fortschrittlichsten – Feministinnen und Sozialreformerinnen – führten Prostitution auf Armut und unterdrückerische Geschlechterrollen zurück. Die Moralisten gaben der „männlichen Lüsternheit und der weiblichen Schwäche" die Schuld. ‚Wissenschaftlichere' Kritiker schoben der Prostituierten selbst, oder besser ihren ‚angeborenen Defekten' die Schuld in die Schuhe. In seiner Studie von 1917 bemühte sich Dr. Woolston sehr, ökonomische Überlegungen außer acht zu lassen, und schloß ganz ernsthaft, daß „die gewöhnliche Prostituierte in ihrer Erscheinung klein und untersetzt ist". Des weiteren war mindestens ein Drittel geistig zurückgeblieben:

*Es ist eine bekannte Tatsache, daß Schwachsinn erblich ist. Folglich können geistige Anomalien von Prostituierten zum Teil auf die Schwäche ihrer Vorfahren zurückgeführt werden. (...) In 297 von 1 000 Familien (der untersuchten Prostituierten) (...) lag nachweislich tatsächliche oder latente geistige Degeneration vor. Es ist wahrscheinlich, daß eine vollständigere Untersuchung eine noch größere Zahl ergeben hätte.*

Prostituierte wurden jedoch nicht als eine besondere Art Frauen unter den Arbeiterinnen gesehen. Dr. Woolston und andere, die auf diesem Gebiet Untersuchungen durchführten, stellten fest, daß es einen ganz beträchtlichen Zusammenhang zwischen Prostitution und schlechtbezahlter Arbeit — wie Hausarbeit — gab. In der Vorstellung der Leute verursachten alle Frauen der Arbeiterklasse irgendwie Krankheit, sei es, daß sie gefährliche Krankheiten verschleppten, oder daß sie die ‚Rasse' durch ihre minderwertige und

Aus dem Bettmann Archiv

Der Tod, dargestellt als Händlerin in den Slums von New York

zu zahlreiche Nachkommenschaft schädigten. Die Frau der oberen Mittelschicht hatte Gesundheitsprobleme; die Frau der Arbeiterklasse war eines. Nicht für ihren herrschsüchtigen und selbstgefälligen Arzt aber für den Beamten der Gesundheitsbehörde.

**Die Mittelklasse macht Front: Volksgesundheit**

Zu Anfang der letzten Jahrzehnte des vorigen Jahrhunderts begannen die ‚besseren' Schichten eine organisierte politische Offensive gegen die Armen und Arbeiter. Sie bestand aus Maßnahmen gegen die Gewerkschaften, aus sozialen Reformen, die darauf abzielten, das Wahlrecht der Immigranten einzuschränken, und schließlich aus Gesetzen, die die Immigration von Italienern, Juden, Polen und anderen ‚minderwertigen' Rassen verhindern sollten. Im **biologischen** Klassenkrieg waren die beiden Hauptvorstöße der Mittelschicht die Volksgesundheitsbewegung und die Bewegung zur

Unterstützung von Geburtenkontrolle, die sich gegen die doppelte Gefahr der Ansteckung und ‚der Zersetzung der Rasse' wandten. Diese beiden Bewegungen hingen sehr von der Energie der Frauen aus der Mittel- und Oberschicht ab, die im Laufe der Zeit mit ihrem Leben voll erzwungener Langeweile immer unzufriedener wurden.

Die fortschrittlichen Errungenschaften dieser beiden Bewegungen sind offensichtlich: legale Verhütungsmittel, kostenlose Müllbeseitigung, Pflichtschutzimpfungen, um nur einige zu nennen. Aber ihre Geschichte als soziale Bewegungen ist wohl doch etwas zweifelhaft: beide brachten die Frauen der Mittel- und Oberschicht auf die Beine, aber so, daß ihr Verhältnis zu Arbeiterinnen nur noch gefestigt wurde — sie waren nicht Schwestern sondern **Verbesserer**.

Die Volksgesundheitsbewegung befleißigte sich eines sehr biblischen Tones und stellte sich damit auf die gleiche moralische Ebene mit der Abstinenzlerbewegung und der Bewegung für ‚die Reinheit der Gesellschaft' (Antiprostitutionsbewegung). Immerhin war der Unterschied zwischen ‚Schmutz' und ‚Sünde' noch immer nicht geklärt. Frühere Generationen hatten Krankheit auf Unmoral zurückgeführt und sich mehr auf Gebete als auf Hygiene verlassen, wenn es galt, Epidemien aufzuhalten. Die Theorie, die Krankheit mit Sünde erklärte, war auch eine beruhigende Erklärung dafür, daß Epidemien am schlimmsten in den Gegenden wüteten, in denen ‚böse, unberechenbare und atheistische' immigrierte Arbeiter lebten. Aber diese Theorie war gar nicht mehr so beruhigend, als sich herausstellte, daß auch Bankiers, Pfarrer und Damen der Gesellschaft von diesen Epidemien dahingerafft werden konnten. Man machte jetzt statt der Sünde den ‚Schmutz' verantwortlich, aber der moralische Gehalt veränderte sich deshalb kaum. Nach dem Haushaltshygienebuch, das wir schon an anderer Stelle zitiert haben, waren Typhusepidemien als ‚Gottes Strafe für moralische Verfehlungen' angesehen worden, aber im Lichte zeitgenössischer Hygiene-‚Wissenschaft' sah man sie nun als ‚die gerechte Strafe dafür, daß man Seine Naturgesetze gebrochen hatte'. Dr. Elizabeth Blackwell nannte Hygiene „die **ehrfurchtsvolle** Annahme der **göttlichen** Gesundheitsgesetze". (Hervorhebungen durch die Autorinnen).

Der moralische Aspekt der Volksgesundheit spiegelte sich auch darin wieder, daß die Gesundheitsbürokratie sehr eng mit der Polizei verbunden war. In New York Citiy, das ja maßgebend auch die

Struktur der Gesundheitsbehörden in anderen Städten beeinflußte, gehörte die Gesundheitsbehörde ursprünglich zur Polizei, und im ersten großstädtischen Gesundheitsamt waren ebensoviele Ärzte wie Polizisten vertreten. Die Verbindung von Volksgesundheit und Polizei (Verbrechen und Krankheit) wurde in der Zeit nach der Jahrhundertwende noch dadurch bestärkt, daß man feststellte, daß Menschen — und nicht Bücher, Münzen und leichte Brisen — die Hauptüberträger von Krankheit seien. Und die Beamten der Gesundheitsbehörde übernahmen auch bald selbst die Aufgaben der Polizei, indem sie Menschen, die unter Verdacht standen, Krankheiten zu übertragen (wie im Fall der ‚Typhus-Mary'), verfolgten und verhafteten. Wie sehr diese Beamten der Gesundheitsämter darauf aus waren, Verbrechen zu bekämpfen, wird in einem 1910 in ‚The Nation' veröffentlichten Artikel nur zu deutlich, der nach einer Volksgesundheitspolizei ruft, die die auf 20 000 geschätzten ‚frei herumlaufenden' TB-Opfer einfangen soll:

Offizielles Gesundheitsplakat (1910)

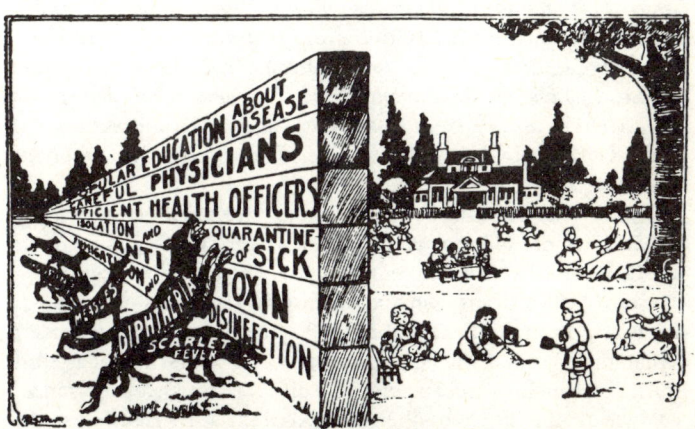

How High is the Wall in Your Town?

*Anm. d. Übs.: (auf der Wand:) Volksgesundheitserziehung, sorgfältige Ärzte, effiziente Gesundheitsbehörden, Isolierung und Quarantäne der Kranken, Gegengifte, Ausräucherung und Desinfektion.*
*(auf den Hunden, von hinten nach vorne:) Keuchhusten, Masern, Diphterie, Scharlach.*
*Wie hoch ist die Mauer in Ihrer Stadt?*

*Es ist, als ob sich der Feind bei Nacht durch die Reihen der Wachtposten gestohlen hätte und es weder Polizei noch Soldaten gäbe, ihn zu verfolgen. Die Tuberkulosebazillen schweben auf leisen Flügeln durch die Stadt und lachen grimmig über die Heftchen und Vorträge und die vereinzelten Taten der Barmherzigkeit, denen sie so leicht entgehen können.*

Die Vorkämpfer für die Volksgesundheit machten gar kein Hehl daraus, daß sie mit ihren Reformen Klasseninteressen verfolgten. Die Nationale Studiengesellschaft für die Verhinderung von Tuberkulose erarbeitete detaillierte Berechnungen über die Kosten, die der Mittelschicht entstehen, wenn die Armen an TB leiden – und zwar berechneten sie konkret, was es kostet, wenn ein Arbeiter seiner Arbeit fernbleiben muß und was man an Entschädigung und Unterstützung an Waisen zahlen müßte usw. Mrs. Plunkett, die Expertin in Sachen Haushaltshygiene, fragte etwas poetischer, wie das Problem von Krankheit und Armut gelöst werden solle und beantwortete ihre eigene Frage:

*In einer Phase* **erleuchteter** *Selbstsüchtigkeit (...) lernen die oberen Zehntausend langsam, daß ihre Gesundheit unlösbar mit der Gesundheit und der Hygiene der unteren zehn Millionen verbunden ist, und es ist die Erkenntnis dieser Tatsache, die die 'Welle mitfühlenden Interesses für die Situation der Armen hervorgerufen hat. (...) Die Klasse, die emporgehoben werden soll, lehnt Überwachung ab und sorgt sich wenig um ihre Gesundheit und Sauberkeit, bis sie dazu erzogen wird, aber es sind schon große und nachhaltige Fortschritte erzielt worden.*

Und es war nur natürlich, daß Frauen im Kampf gegen Schmutz und Bazillen die Führung übernehmen sollten. Waren Frauen nicht von Gott auserkorene Trägerinnen der Hygiene in ihren eigenen Häusern? 1881 zitierte ein amerikanisches Haushaltshygienebuch den Präsidenten der British Medical Association (Britische Ärztevereinigung, Anm.d.Übers., die zu jener Zeit wahrscheinlich selbst in Amerika mehr Ansehen genoß als die AMA), er habe die ganze Verantwortung für Gesundheit dem ‚Charakter des Haushaltsvorstandes oder der Frau, die über diesen kleinen Bereich herrscht' aufgebürdet. Aber die Verantwortung der Frau für die Gesundheit konnte selbstverständlich nicht an ihrer Türschwelle enden. In seiner Doktorarbeit über die ‚Bewegung für die Reinheit der Gesellschaft' schreibt David Pivar:

*Den Frauen der Mittelklasse war ein hohes Maß an Hygiene und Sauberkeit sehr wichtig und sie fürchteten die Ansteckung in den*

Aus dem Bettmann Archiv

*Anm.d.Übs.: New York City – Die Gesundheitsbehörde läßt Desinfektionsmittel in schmutzigen Stadtvierteln verteilen.*

*Slums und auf der Straße. Lange Kleider, die im Straßenstaub schleiften, brachten Schmutz, Staub und Bazillen in die Häuser. Kleidung, die in Arbeitshäusern hergestellt wurde, fand ihren Weg in die Häuser der Mittelschicht. Krankheit abzuhalten konnte nicht bedeuten, die eigene Tür zu verschließen. Wenn sie ihr Haus schützen wollten, dann durften die Frauen sich nicht nach innen wenden; sie mußten die ganze Umgebung mehr zu einem 'Zuhause' machen. Nur durch Verbesserung der Volksgesundheit und der Moral konnte die Heiligkeit des Zuhauses bewahrt werden.*

Ärztinnen waren im öffentlichen Gesundheitswesen in unverhältnismäßig hoher Zahl vertreten (teilweise auch deswegen, weil es für Frauen leichter war, bei den Gesundheitsbehörden zu arbeiten, als eine eigene Praxis aufzumachen). An der Basis, ganz unten, war die Volksgesundheitsbewegung eigentlich eine Frauenbewe-

Aus dem Bettmann Archiv

Razzia der Gesundheitsbehörde in einem Wohnblock

gung (der oberen Mittelschicht jedenfalls), und ihre Verbindung mit der Abstinenzlerbewegung und der Frauenbewegung war sehr eng.

**Die Mittelklasse macht Front: Geburtenkontrolle**

Die Volksgesundheitsbewegung war immer schon respektabel, aber die Bewegung für Geburtenkontrolle begann mit so schlechtangesehenen Leuten wie Anarchisten, Sozialisten und radikalen Feministinnen. Emma Goldman wurde dafür verhaftet, daß sie über Geburtenkontrolle sprach, und die junge Margaret Sanger unterstützte sie in ihrer sozialistisch/feministischen Zeitschrift ‚The Woman Rebel' (Die Rebellin, Anm.d.Übers.). Zuerst sahen Reformer der Mittelschicht die Geburtenkontrolle als eine gottlose Machenschaft, um ‚die Sünde straffrei zu machen' und ‚um die Ehefrau auf die Ebene von Prostutuierten herabzusetzen'.

Aber indem die Bewegung unter Sangers einzelkämpferischer

Führung wuchs und die Unterstützung tausender von Frauen der oberen Mittelschicht und der Oberschicht gewann, fing sie auch an, dem Eigeninteresse der Mittelschicht zu entsprechen und zu gefallen. Etwa um 1910 machte Sanger die Überbevölkerung für alle Weltprobleme — Krieg, Armut, Prostitution, Hungersnöte, Schwachsinn — verantwortlich, und die Überbevölkerung lastete sie eindeutig den Frauen an:

*Während sie unbewußt die Grundlage für Tyrannei schufen und das Menschenmaterial für rassistische Auseinandersetzungen lieferten, sorgten sie auch genauso unwissend für Slums, füllten die An-*

Aus dem Bettmann Archiv

Margaret Sanger beim Verkauf ihrer Broschüre „Birth Controll Review" in den Straßen von New York

*stalten mit Wahnsinnigen und die Krankenhäuser mit Kranken. Sie füllten die Reihen der Prostituierten auf, wurden zu gerichtlichen Fällen und zu Gefängnisinsassen. Hätten sie absichtlich geplant, all dieses Unheil, diese tragische Unmenge von Menschenabfall und Elend zu schaffen, sie hätten es nicht effektiver anstellen können.*

Und falls dies nicht klärte, von **welchen** Frauen Sanger sprach, schrieb sie 1918, daß ,,alle unsere Probleme eine Folge zu vieler Geburten in der Arbeiterklasse seien".

Geburtenkontrolle ermöglichte sowohl eine qualitative als auch eine quantitative Kontrolle über die Bevölkerungsstruktur. ,,Mehr Kinder von den Tüchtigen — weniger von den Untüchtigen, das ist die Hauptsache bei der Geburtenkontrolle", erklärte Sanger 1919. Wer waren nun die Tüchtigen und wer die Untüchtigen — und wie würde man einer Gruppe Geburtenkontrolle aufzwingen können und sie von der anderen fernhalten — das war alles noch ungeklärt. Ms. Sanger beschränkte sich in ihrer Definition der ,Untüchtigen' normalerweise auf die Schwachsinnigen (so wie das an dem gerade eingeführten IQ-Test gemessen wurde), aber einige ihrer Mitkämpfer aus der American Birth Control League (Amerikanische Liga für Geburtenkontrolle, Anm.d.Übers.) waren offensichtlich rassistisch.

Guy Irving Burch, ein Sprecher des von Sanger gegründeten nationalen Komitees für die bundesweite Legalisierung der Geburtenkontrolle, stellte sein Interesse an der Geburtenkontrolle folgendermaßen dar:

*Meine Familie, sowohl mütterlicher- als auch väterlicherseits, hat einen Gründerzeit-Pioneer-Hintergrund, und ich habe lange Zeit im Zusammenhang mit der American Coalition of Patriotic Societies (Amerikanische Vereinigung Patriotischer Verbände, Anm.d.Übers.) dafür gearbeitet, daß verhindert wird, daß das amerikanische Volk durch fremde oder gar schwarze Rassen ersetzt wird, sei es durch Immigration oder durch extrem hohe Geburtenzahlen unter Fremden in diesem Land.*

Ein anderer Fürsprecher der Geburtenkontrolle empfahl dringend, ,,um die sog. 'gelbe Gefahr' abzuwenden", daß die Vereinigten Staaten ,,Kenntnisse über Geburtenkontrolle im Ausland verbreiten sollten, um die Anzahl der Leute zu vermindern, deren unkontrollierbare Fortpflanzung den Weltfrieden bedrohe".

Einige wenige Ärzte schlossen sich der Kampagne an, um Verhütungsmittel für die Mittelschicht akzeptabel zu machen, indem sie deren Möglichkeiten zur Bevölkerungskontrolle darstellten. In seiner Ansprache als Präsident vor der AMA im Jahre 1912 brachte Dr. Abraham Jacobi das Thema Geburtenkontrolle ein, indem er über die große Fruchtbarkeit der Immigranten und die hohen Kosten für Wohlfahrtsunterstützung sprach. Dr. Robert Dickinson, ein Gynäkologe und eifriger Mitkämpfer von Sanger drängte 1916 seine Kollegen, ,,sich der Sache anzunehmen (der Geburtenkontrolle), und sie nicht den Radikalen zu überlassen." Mit der Hilfe dieser Ärzte konnte Ms. Sanger ihre erste Geburtenkontrollberatung — angemessenerweise in den Slums von New York City — anfangen.

*Verhütungsmittel wurden erst 1938 durch eine Gerichtsentscheidung legalisiert, die Ärzten erlaubt, Verhütungsmittel zu importieren, zu versenden und zu verschreiben. Dies war ein großer Schritt für die Frauen, und wir haben das hauptsächlich Mararet Sanger und ihrem Mut und ihrer Zielstrebigkeit zu verdanken.*

*Wir wollen hier unsere Einstellung in dieser Frage klären. Wir finden, daß Verhütungsmittel* **allen** *Frauen aller Klassen und aller Volksgruppen zur Verfügung stehen sollten, wenn sie es wünschen. Wir sind nicht der Meinung, daß Geburtenkontrolle einige Frauen befreit und für andere völkermörderisch ist. Was wir kritisieren, ist die Vorgehensweise der Bewegung für Geburtenkontrolle, um ihre Ziele zu erreichen. Die Tatsache, daß die Bewegung* **rassistisch und klassistisch** *war, macht sogar ihren endgültigen Sieg zweifelhaft.*

*Aber hier müssen wir uns fragen: hätte die Bewegung auf irgendeine andere Weise erfolgreich sein können, unter den gegebenen Umständen der amerikanischen Gesellschaft jener Tage? Hätte die Bewegung ausschließlich feministische Argumente für die Geburtenkontrolle vorgebracht, hätte sie dann die Macht oder den Einfluß gehabt, um zum Erfolg zu kommen? Wir können ähnliche Fragen im Zusammenhang mit der Volksgesundheitsbewegung stellen: hätte es jemals Gesundheitsreformen gegeben, wenn diese nicht im direkten Eigeninteresse der Reichen und Mächtigen gewesen wären? Diese Fragen können wir, natürlich, nicht beantworten, aber sie zeigen doch die Zweifelhaftigkeit aller Reformen in einer sonst repressiven Gesellschaft auf.*

## Frauen arbeiten am ‚sozialen Aufstieg' von Frauen

Die Volksgesundheitsbewegung schaffte es nie vollständig, die Bewohner der von Bazillen beherrschten Ghettos ganz in Quarantäne zu halten, und die Bewegung für Geburtenkontrolle blieb weit hinter ihrem selbstgesteckten Ziel der Rassenreinerhaltung zurück. Schließlich machte ja die öffentliche Gesundheitsfürsorge die Städte sowohl für die Armen als auch für die Reichen gesünder,

*Anm.d.Übs.: Schmutz, Krankheit, Verbrechen*

und die Bewegung für Geburtenkontrolle hatte ironischerweise ihre stärksten Auswirkungen auf die Oberschicht und die Mittelschicht selbst. Ganz sicher ist, daß wir den Massen von Frauen, die in diesen beiden Bewegungen gearbeitet haben, eine Menge verdanken, was auch immer ihre Beweggründe gewesen sein mögen. Traurig daran ist die Tatsache, daß die Reformbewegungen dazu dienten, die Klassenunterschiede unter den Frauen zu verstärken: auf der einen Seite standen die Reformerinnen (die Frauen der Ober- und Mittelschicht) und auf der anderen Seite standen die Objekte dieser Reformen (die Frauen der Arbeiterklasse).

Die Reformerinnen waren Frauen, die gegen die leere Tatenlosigkeit, die von ‚Damen' gefordert wurde, rebellierten. Sie wollten etwas **tun** und sie suchten nach einem Projekt, das ihrer ungenützten moralischen Energien und ihrer sozialen Anliegen wert war. Für viele stellte sich dieses Projekt als die Aufgabe dar, für den ‚sozialen Aufbau' der Frauen der Arbeiterklasse zu arbeiten. Die Volksgesundheitsbewegung und die Bewegung für Geburtenkontrolle waren ein sehr unpersönlicher Teil dieser Kampagne. Viele Reformerinnen kamen zwangsläufig mit den armen Frauen in Kontakt. Frauen zogen gegen das Laster zu Felde und versuchten, Prostituierte zu reformieren; Sozialarbeiterinnen gingen in die Slums, um den Armen Hauswirtschaft und ‚amerikanische Wertvorstellun-

Aus dem Bettmann Archiv

Reiche Frauen auf Besuch bei armen Kranken

gen' beizubringen; Frauenklubs bildeten Diskussionsgruppen zu ethischen Fragen für junge Arbeiterinnen. Nach den zeitgenössischen Hauswirtschaftsbüchern war es sogar die Pflicht der Frau, die zu Hause blieb, ihre Dienstmädchen in moralischen und hygienischen Fragen zu unterweisen und sie darauf vorzubereiten, eine ‚gute Ehefrau' zu werden.

Die Aktivistin der oberen Mittelschicht hatte Ende des vorigen und Anfang dieses Jahrhunderts ihre Schwester längst hinter sich gelassen, die sich auf der Chaiselongue, in Krankenzimmern und in Kurheimen aufhielt. Sie hatte die medizinische Ideologie, die sie als krank definierte und die sie zur Nutzlosigkeit verdammte, zurückgewiesen. Aber es scheint, als habe sie ihre ‚Entlassung' nur dadurch erreichen können, daß sie erstens den Interessen ihrer Klasse diente und zweitens soziale Rollen übernahm, die im wesentlichen mit ihrer Frau- und Mutterrolle übereinstimmten: als Sozialarbeiterin oder als freiwillig ‚am sozialen Aufstieg der Armen Arbeitende'.

In dieser Rolle, so wie sie das Evangelium der Hygiene, der Volksgesundheit und der Hauswirtschaft predigte, war sie notwendigerweise überheblich gegenüber den armen Frauen und manchmal erreichte sie das Gegenteil dessen, was sie wollte.

Die Gesundheitsfrage — weibliche Gesundheit und Familiengesundheit — die eigentlich die Frauen der verschiedenen Klassen hätte vereinen können, spaltete sie nun in die Lager der Reformerinnen und der ‚Problemfrauen'. Die Frauen der oberen Mittelschicht wandten sich nicht gegen die Medizin, die sie eingesperrt und die Arbeiterfrauen abgewiesen hatte, sie vereinigten sich nicht mit den armen Frauen in einer Bewegung, die einen einheitlichen Maßstab für die Gesundheit aller Frauen und für die Gesundheitsfürsorge aller Frauen hätte fordern können. In der Volksgesundheitsbewegung und in der Bewegung für Geburtenkontrolle verbündete sie sich mit Ärzten gegen die Gefahr, die von den Armen ausging.

*Wir wollen jedoch nicht den Eindruck vermitteln, daß die Frauen der Oberschichten nur durch ideologische Überlegungen von ihrer eigentlichen Aufgabe, eine Gesundheitsbewegung mit und für alle Frauen aufzubauen, abgelenkt worden seien. Es ist zwar wahr, daß die medizinische Ideologie — sowohl in Form von wissenschaftlicher Theorie, als auch in Form allgemeiner Annahmen — ihr Bestes tat, diese Gemeinsamkeiten in der Erfahrung von Frauen zu leugnen und sie in die kranken (oder anfälligen) und die anstecken-*

*den (oder gefährlichen) zu teilen.*

*Aber diese Ideologie wäre wohl niemals von den Männern — oder Frauen — der Oberschicht akzeptiert worden, wäre sie nicht in der ökonomischen Wirklichkeit begründet gewesen.*

*In vieler Hinsicht ergänzten sich die Situationen der Frauen der Klassen, die wir betrachtet haben. Die Frauen der Oberschichten hätten nicht die Zeit gehabt, krank oder reformerisch zu sein, wenn es nicht die Ausbeutung der Arbeiter (einschließlich der Frauen und Kinder) gegeben hätte. Sie hätten die Hausarbeit selbst machen müssen, wenn nicht die Hausangestellten und die Arbeiterinnen in den Fabriken gewesen wären, die die Kleider und anderen Hausgegenstände hergestellt hätten, die früher im Haus gemacht wurden. Medizinische Mythen und biologische Ängste schufen nicht die Klassenunterschiede zwischen den Frauen; sie gaben ihnen nur ,wissenschaftliche' Glaubwürdigkeit.*

Aus dem Bettmann Archiv

*Anm.d.Übs.: Austeilen von Blumen und Zeitschriften in der Frauenstation eines Krankenhauses.*

So sieht Mad-Magazine die Frauen

*Anm. d. Übs.: Eine kürzlich veröffentlichte medizinische Untersuchung erklärt genau, warum amerikanische Frauen keine Magengeschwüre haben! – Sie sind die Überträger.*

## Einige Bemerkungen zur heutigen Situation

Hundert Jahre sind vergangen, seit dem Höhepunkt der Zeit der massenhaften Eierstockentfernungen, der Hysterie und der erzwungenen Kränklichkeit. Medizinische Theorien behaupten nicht mehr, daß die einen Frauen von Natur aus krank, die anderen von Natur aus ansteckend seien. Aber in einigen wesentlichen Punkten hat sich das Verhältnis zwischen Frauen und dem medizinischen Apparat sehr wenig, wenn überhaupt, geändert.

Frauen der Mittel- und Oberschicht sind immer noch die Klientel der Medizin. Aus einer Unzahl von Gründen, die mit der Fortpflanzung zu tun haben, suchen Frauen Ärzte und Krankenhäuser sehr viel häufiger auf als Männer. Schwangerschaft, obwohl sie nicht mehr ausdrücklich als Krankheit aufgefaßt wird, wird dennoch als ein medizinisches Problem behandelt, und zwar in derselben Umgebung und von demselben Personal wie zuständig für tatsächliche Krankheiten. Geburt ist heute kein Grund mehr für lan-

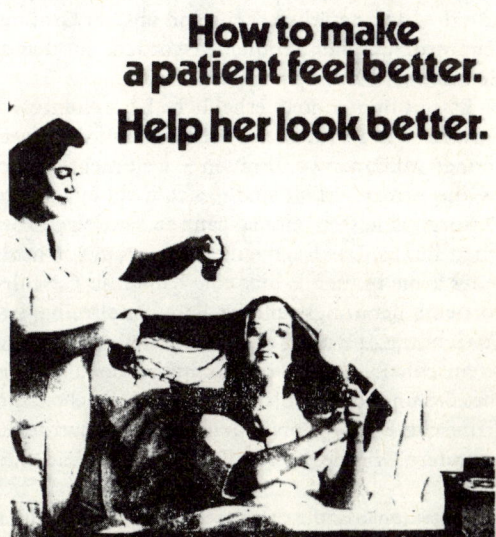

Wie hilft man einer Patientin, damit sie sich besser fühlt? Hilf ihr, besser auszusehen.

ge Bettruhe, aber sie ist —mehr noch als früher — ein entfremdeter, chirurgischer Eingriff. Unregelmäßigkeiten bei der Menstruation werden heute nicht mehr als verhängnisvoll gesehen, aber die Ärzte sind heute eher bereit, teure hormonelle ‚Heilmittel' zu verschreiben. Während die Wechseljahre heute kein Anlaß mehr für endgültige, dauernde Bettruhe sind, werden sie doch immer noch Medizinstudenten als ‚die ernsthafteste endokrinologische Krankheit neben Diabetes' dargestellt, die natürlich mit einer teuren Östrogentherapie ‚heilbar' ist. Und wenn auch die tollen Pioniertage gynäkologischer Chirurgie für immer vorbei sein mögen, geben einige Ärzte wie zum Beispiel Dr. Robert McCleery in ‚One Life, one Physician' (1971; Ein Leben, ein Arzt, Anm.d. Übers.), zu, daß wahrscheinlich die Häfte der Uterusentfernungen, die in den Vereinigten Staaten vorgenommen werden, (und wohl auch ein sehr großer Teil aller Mastektomien (4), die überall auf der Welt vorgenommen werden) unnötig sind.

Tatsächlich könnte es sein, daß die Abhängigkeit der Frauen von den Ärzten (und umgekehrt die Abhängigkeit der Ärzte von den Frauen) seit 1900 zugenommen hat. Sobald wie möglich eigneten sich die Ärzte alle Rechte an, die mit Sexualität und Fortpflanzung zu tun haben: sie haben jetzt die Kontrolle über Abtreibung und über fast alle verläßlichen Verhütungsmittel. Sogar Frigidität — der ‚natürliche' Zustand unserer Großmütter — ist zu einem medizinischen Problem geworden, mit den dazugehörigen ‚Sexkliniken' und Spezialisten.

Es gibt immer noch erhebliche Klassenunterschiede in dem Verhältnis von Frauen zur Medizin. Auf dem medizinischen Markt können Millionen von Frauen — weit mehr als die, die statistisch als ‚die Armen' erfaßt sind — sich nicht einmal die grundlegendste Versorgung leisten, einmal ganz zu schweigen von dem medizinischen Luxus. Das fragmenthafte System von medizinischer Fürsorge für arme Frauen — hier eine Klinik für Geschlechtskrankheiten, dort eine Beratungsstelle für Familienplanung, fast nirgends eine Einrichtung, die billig ist und alle Bereiche der Gesundheitsfürsorge einschließt — zeigt, daß sie immer noch mehr als ein öffentliches Gesundheitsproblem, denn als Menschen, die individuelle medizinische Fürsorge brauchen, behandelt werden. Dies gilt für keine andere Gruppe, als für die schwarzen Frauen, die puertoricani-

(4) Mastektomie ist die chirurgische Entfernung der Brust. Manche Mastektomien beschädigen die Muskeln in und um den Oberarm beträchtlich.

schen und die Chicana-Frauen. Einmal waren sie in einer Gruppe mit Italienerinnen, Polinnen und anderen Immigrantinnen als ‚Untermenschen' zusammengefaßt worden, aber jetzt stehen die Frauen der Dritten Welt allein solchen Maßnahmen zur Bevölkerungskontrolle — wie unfreiwilligen Sterilisationen — gegenüber.

Wir könnten noch weiter aufzeigen, wie sich die Einstellung seit dem 19. Jahrhundert weiter entwickelt hat, aber die krassen Unterschiede sind uns noch viel stärker aufgefallen. Die Situation der Ärzte und der Frauen hat sich drastisch verändert. Für viele Frauen, selbst für die aus der oberen Mittelschicht sind die Zeiten der völligen Untätigkeit vorbei. Mehr und mehr Frauen arbeiten außer Haus, und innerhalb der Häuser sind die Bediensteten verschwunden. Eine Frau, die arbeiten geht, hat zwei Jobs — den als bezahlte Arbeitskraft, und den als unbezahlte Haushälterin und Mutter. Selbst die wohlhabende ‚untätige' Hausfrau soll immer gesund und aktiv sein, in der Lage, die Kinder zu chauffieren, den Haushalt zu führen und als hübsche Ehefrau und Gastgeberin zu repräsentieren. Es betrifft uns alle, was eine Hausfrau aus der Arbeiterklasse einmal zu einem Medizinsoziologen gesagt hat: „Manchmal wäre ich schon gern krank, aber dazu habe ich keine Zeit."

Ärzte scheinen heutzutage auch keine Zeit mehr für uns zu haben, wenn wir krank sind. Im ausgehenden 19. Jahrhundert gab es, gemessen an den heutigen Verhältnissen, einen Überschuß an Ärzten in den Städten. Die Konkurrenz unter den Ärzten war sehr heftig, und die Ärzte neigten dazu, kranke Patientinnen zu lange zu behandeln und bei gesunden irgendwelche Krankheiten festzustellen. Aber am Anfang dieses Jahrhunderts gewannen die Mediziner als Berufsstand die legalen Rechte, ihre eigene Anzahl in Grenzen zu halten — sie konnten Ausbildungsrichtlinien für medizinische Hochschulen geben und die Schulen, die den Richtlinien nicht entsprachen, schließen. (Siehe auch unsere Broschüre Hexen, Hebammen und Krankenschwestern, wo im Detail auf diese Phase eingegangen wird). Die Schließung solcher Schulen in den ersten beiden Jahrzehnten dieses Jahrhunderts und jahrzehntelange Lobby-Arbeit der AMA, um zu verhindern, daß medizinische Hochschulen vom Staat unterstützt werden, brachte erst die uns so wohlbekannte Ärzteknappheit hervor. Nur ganz wenige Ärzte behandeln nur einige sehr reiche Patienten sehr gut. Die meisten verteilen ihre Leistung auf eine große Anzahl Patienten aus der Mittelschicht und der Arbeiterklasse. Und daher kommen dann auch solche Sachen wie eine zehnminütige Untersuchung beim Gynäkologen, eine 15-minütige jährliche Großuntersuchung (dies sind die offiziellen Zeiten, die von einer der größten und besten New Yorker Gruppenpraxen veranschlagt werden) und während einer solchen Schnelluntersuchung wird natürlich der Dialog zwischen Arzt und Patient auf ein Mindestmaß begrenzt.

Folglich ist für die meisten von uns die enge, väterliche Beziehung zwischen Arzt und Patient, die im 19. Jahrhundert üblich war, zur bloßen historischen Kuriosität geworden. Krank zu sein läßt sich heute weder mit unserer sozialen Rolle vereinbaren, noch ist es eine tatsächliche Möglichkeit, wenn man die Ärzteknappheit betrachtet. Das Bild, das die Medizin von uns hat, hat sich um 180 Grad gedreht seit den Tagen weiblicher Kränklichkeit.

Weil Frauen eine höhere Lebenserwartung haben als Männer, und weil sie seltener an Herzkrankheiten leiden oder Schlaganfälle oder Lungenkrebs bekommen, sind **wir** jetzt das ‚starke' Geschlecht, und die populärwissenschaftlichen Gesundheitsratgeber erklären uns, wie wir unsere **Ehemänner** gesund und am Leben erhalten können. Und natürlich sorgt die Medizin so gut wie schon immer dafür, daß unsere soziale Rolle aufrecht erhalten wird, nur daß wir diesmal die Rolle der Arbeitenden (zu Hause oder sonstwo) haben, und nicht die der verhätschelten Kranken.

Wenn ein Arzt nicht sofort die organische Ursache der Beschwerde einer Frau erkennen kann, dann nimmt er sehr gern psychosomatische Ursachen an, d.h. er setzt voraus, daß die Frau simuliert. Eine Untersuchung, die 1973 von zwei Ärzten, Jean und John Lennane, geschrieben und in einer der besseren medizinischen Fachzeitschriften veröffentlicht wurde, schließt:

*Dismennorböe (Menstruationskrämpfe), Übelkeit bei Schwangerschaft, starke Wehenschmerzen und infantile Verhaltensstörungen werden oft als durch psychogene Faktoren hervorgerufen oder verstärkt angesehen. Obwohl es wissenschaftlich nachgewiesen ist, daß organische Ursachen vorliegen, hat die Annahme von*

„Denken sie nicht weiter darüber nach, Miss Watkins. *Alle* meine Patientinnen sind verrückt nach mir."

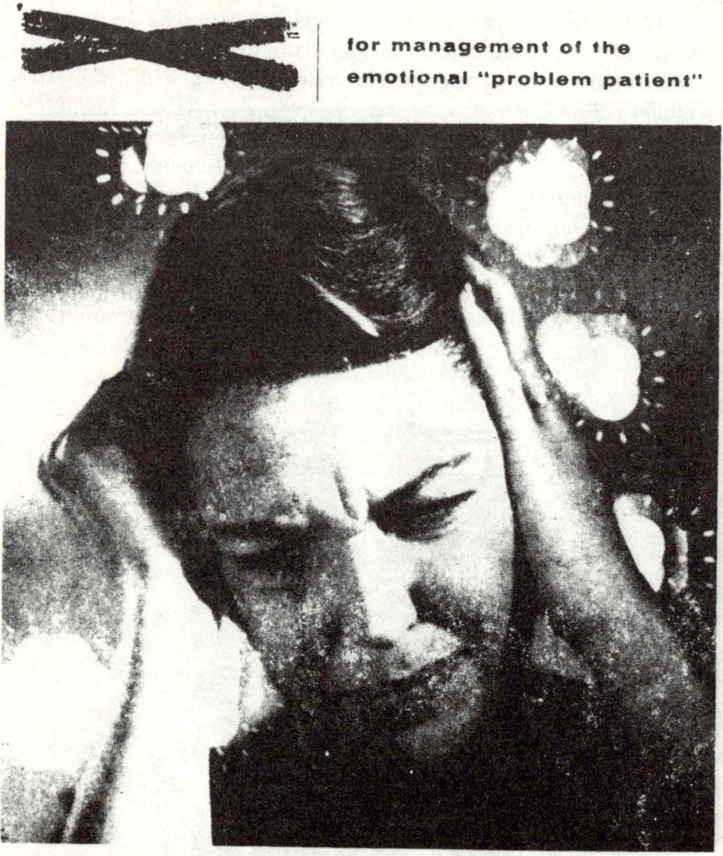

 **for management of the emotional "problem patient"**

*Anm.d.Übs.: Um überspannte Problem-Patientinnen unter Kontrolle zu halten.*

psychogenen Ursachen zu unwirksamen und irrationalen Behandlungsmethoden geführt. Da dies aber nur Frauen betrifft, kann angenommen werden, daß das etwas vernebelte Denken, das diesbezüglich in der relevanten Literatur vorzufinden ist, auf geschlechtsbedingte Vorurteile zurückgeführt werden kann.

Zuerst hat die Medizin dazu beigetragen, daß Frauen im allgemeinen als kränklich betrachtet wurden: jetzt scheint sie den Spieß umzudrehen und die Opfer dafür verantwortlich zu machen. Patientinnen werden als dümmlich, verweichlicht und abergläubisch hingestellt. Beruhigungmittel werden genommen, um uns bei der Arbeit zu halten, wenn es kein schnelles Patentrezept gibt. Wie oft gehen wir zum Arzt, weil wir uns krank fühlen und gehen wieder fort, nach seiner Diagnose ‚psychosomatisch' und fühlen uns **verrückt**.

Und so zeigt die Tendenz der Ärzte, unsere Beschwerden als psychosomatisch zu diagnostizieren, daß die Frauen von der Medizin heute nicht als ‚gesund', statt wie früher ‚krank' gesehen werden, sondern daß wir nur früher als ‚körperlich krank' und jetzt als ‚geisteskrank' eingestuft werden. Heute ist es die Psychiatrie und nicht die Gynäkologie, die das sexistische Dogma von der natürlichen Krankheit der Frau aufrechterhält. In der klassischen psychoanalytischen Theorie gibt es keine psychisch gesunde Frau: die zielstrebige Frau, die nicht mit ihrer Rolle als Frau und Mutter zufrieden ist, lehnt ihre Weiblichkeit neurotisch ab, während die Frau, die damit zufrieden ist, sich um ihre Familie zu kümmern, ‚infantil' ist. Beide können der Gesundheit derer, die mit ihnen zusammenleben, schaden. Der zielstrebigen Frau wird vorgeworfen, daß sie die Männer entmännlicht, und der aufopfernden Mutter wird vorgeworfen, daß sie ihren Söhnen Schuldgefühle einimpft und sie abhängig macht. Eine Folge davon ist, wie Phyllis Chesler in ihrem Buch ‚Frauen, das verrückte Geschlecht' (Rowohlt, Anm.d.Übers.) gezeigt hat, daß Frauen schneller in Nervenkliniken gesperrt werden als Männer.

Im allgemeinen hält die Hauptströmung der psychologischen Schulen daran fest, daß die Frauen der Mittelschicht zu Hause bleiben sollten, jetzt aber aus neuen Gründen. In der Vergangenheit hat die Gynäkologie die Beschränkung der Frauen auf das Zuhause damit begründet, daß sie so schwach und deshalb für Tätigkeitten außer Haus ungeeignet seien. Aber jetzt, wo die Frauen der Mittelschicht endlich kräftig genug sind, außer Haus zu arbeiten, wird ihnen gesagt, daß ihre Kinder zu ‚zart' seien, als daß man sie alleine lassen könnte. Die Psychologie ‚entdeckte', daß Kinder mindestens bis zum Alter von drei Jahren völlig darauf angewiesen sind, einen ausschließlichen Bezug zur Mutter zu haben. Wenn frau ihr Kind in die Kindertagesstätte schickt oder sich einen Babysitter engagiert, läuft sie Gefahr, eine dauernde Neurose zu erzeugen. (Kinderärzte fügen dem noch hinzu, daß in Kindertagesstätten ansteckende Krankheiten übertragen werden). Also ist es jetzt das Kleinkind der Frau aus der Mittelschicht, das zu schwach für die ‚Welt da draußen', d.h. Kindertagesstätten und Babysitter und

Spielgruppen ist. Im Gegensatz dazu sind die Kinder der armen Mütter — die, so will es die gegenwärtige Auffassung, natürlich arbeiten gehen sollen — emotional stabil genug, um in den entfremdeten Kindertagesstätten der Fabriken aufzuwachsen.

Wir können die Anpassungsfähigkeit der medizinischen ‚Wissenschaft' nur bewundern, die ihre Theorien nach Alter, Geschlecht und Klasse genau den Bedürfnissen der Zeit anpassen kann.

Gewiß, Wissenschaft muß, um Wissenschaft zu **sein**, sich neuen Erkenntnissen anpassen. Erstaunlich an der medizinischen ‚Wissenschaft' ist jedoch, daß sie ihre Theorien bezüglich der Frauen immer genau so ändern kann, daß sie mit der herrschenden, männlichen Ideologie übereinstimmen.

# Wie geht es weiter? Abschließende Gedanken

— Der medizinische Apparat ist nicht nur eine Dienstleistungsindustrie. Er ist ein mächtiges Instrument sozialer Kontrolle, der die organisierte Religion als Hauptquelle sexistischer Ideologie und in der Aufrechterhaltung der Geschlechterrollen ersetzt. Gewiß ist er nicht der **einzige** Hafen von institutionalisiertem Sexismus — das Erziehungssystem ist wohl genauso wichtig oder wichtiger. Aber er hat die einzigartige Autorität, zu entscheiden, wer krank ist und wer nicht, wer tüchtig und wer untüchtig ist. Die vorausgesetzte wissenschaftliche Grundlage der Medizin verleiht diesen Urteilen Glaubwürdigkeit, aber, wie wir gesehen haben, diese Urteile selbst haben keine durchgängige Grundlage in der Biologie. Zu einer Zeit werden die Frauen einer Klasse alle als krank eingestuft, während gleichzeitig die Frauen einer anderen Klasse zwar gesund sein sollen, aber doch möglicherweise ansteckend. Heute sind wir alle gesund, zumindest gesund genug um zu arbeiten; unsere Krankheit ist nur ‚psychisch'. Unsere soziale Rolle und nicht unsere eigene Biologie bestimmt unseren Gesundheitszustand. Die Medizin erfindet unsere soziale Rolle nicht, sie interpretiert sie nur als biologisches Schicksal.

— Als Feministinnen stehen wir genau im Widerspruch zu dem medizinischen Apparat als Quelle sexistischer Ideologie. Aber wir sind gleichzeitig völlig von der medizinischen **Technologie** abhängig, um die grundlegendsten und primitivsten Freiheiten, die wir als Frauen fordern, zu verwirklichen — die Freiheit, keine ungewollte Schwangerschaft austragen zu müssen und die Freiheit, ohne chronische körperliche Schäden zu leben. Wir mögen wohl von dem rohen Sexismus, mit dem uns Ärzte begegnen, abgestoßen sein, der gekünstelte Sexismus, der als medizinische Theorie verkauft wird, mag uns in Wut bringen, aber wo sollen wir hingehen, wenn wir Abtreibungen brauchen, oder Pessare, oder Antibiotika, oder notwendige chirurgische Eingriffe.

Unsere schlichte körperliche Abhängigkeit von der medizinischen Technologie macht den medizinischen Apparat nur noch mächtiger als Quelle sexistischer Ideologie. Sie haben uns, gewissermaßen, bei den Eierstöcken gepackt. Nur zu oft haben Frauen demütig die ideologischen Urteile akzeptiert („Sie seien krank, dumm, hysterisch, unzulänglich usw."), um dafür wenigstens die technischen Freiheiten zu bekommen, die sie dem System entringen können. Jetzt, wo uns diese Freiheiten gerade ein wenig selbstverständlich geworden sind, schießen wir manchmal etwas über das Ziel hinaus — indem wir die Technologie als solche ablehnen, weil wir uns mit der ideologischen Verpackung nicht abfinden können.

— Wir scheinen also in einem Widerspruch gefangen zu sein: Es gibt etwas an dem medizinischen Apparat, das wir wollen, ohne das wir nicht leben können, aber gibt es eine Möglichkeit, es zu unseren Bedingungen zu bekommen? Wenn wir etwas von dem medizinischen Apparat fordern, oder von einer seiner verschiedenen Institutionen, was wollen wir dann wirklich? Wollen wir einfach nur „mehr Dienstleistungen" — wenn jede davon in sich die Botschaft der Unterdrückung vermittelt? Wenn diese Dienstleistungen eigentlich herzlich wenig mit unseren tatsächlichen Bedürfnissen zu tun haben, ja, wenn sie sogar unsere Bedürfnisse durch künstliche, von der Medizin hergestellte Bedürfnisse ersetzen.

Offensichtlich müssen unsere Forderungen über das Quantitative hinausgehen. Wir wollen mehr als nur ‚mehr'; wir wollen einen neuen **Typus** und wir wollen neue **Inhalte** in der Medizin in ihren Bezug zu Frauen. Aber wir dürfen uns nie so in die ideologischen Gefechte verstricken lassen, daß wir aus den Augen verlieren, daß ‚mehr' auch noch immer ganz wesentlich ist — eine Frage des Überlebens — für Millionen von Frauen, die noch immer nicht die notwendigsten Routine- und Vorsorgeuntersuchungen bekommen, und die ihr Frausein nicht vollständig verwirklichen können, bis sie sie bekommen.

Selbsthilfe, die von Selbstuntersuchung und Selbsterfahrung ausgeht, ist ein Versuch, die **Technologie** in den Griff zu kriegen, ohne die Ideologie akzeptieren zu müssen. Selbsthilfe kennt keine Grenzen, außer denen, die unsere Fantasie und unsere Mittel uns stecken. Sie **könnte** weit über die Selbstuntersuchung hinausgehen und Laienbehandlungen (obwohl nicht ganz ohne eine Ausbildung) von vielen üblichen Schwierigkeiten einschließen — Schwangerschafts- und Geburtshilfe von Laien, von Laien ausgeführte Abtreibungen und so fort. Aber auch wenn unsere Fantasie unbegrenzt ist, unsere Mittel sind sehr begrenzt. Wenn wir über die Fürsorge für **alle** Frauen sprechen — und nicht nur über die, die Zeit für Selbsthilfe-

Aus „Sister", der Zeitung des Frauenzentrums in Los Angeles (Juli 1973).
*Anm. d. Übers.: Mit meinem Spekulum bin ich stark! Da kann ich kämpfen!*

unternehmen haben — und wenn wir über **alle** ihre Probleme sprechen — und nicht nur die unkomplizierten Beschwerden der Jugend — dann sind wir wieder einmal auf den medizinischen Apparat mit seiner ganzen teueren Technik angewiesen. Tatsächlich beweist gerade in dieser Gegenüberstellung die Selbsthilfe ihren Wert. Sie ermöglicht uns, das zu fordern, was wir brauchen und nicht das, wovon jemand anders denkt, daß wir es kriegen sollten. Sie gibt uns eine Vorstellung davon, was medizinische Fürsorge heißen **könnte** — ein System nämlich, in dem Bedürfnisse nicht auf Kosten der Würde befriedigt werden.

Selbsthilfe ist kein Ersatz dafür, den medizinischen Apparat mit unseren Forderungen nach einer Reform der existierenden Institutionen zu konfrontieren. Selbsthilfe, oder besser noch, Selbstkenntnis, ist für diese Konfrontation unerläßlich.

— Gesundheit ist ein Bereich, der möglicherweise die Klassen- und Rassenschranken zwischen Frauen überwinden könnte. Der medizinische Apparat, mehr als irgendeine andere Institution der amerikanischen Gesellschaft, macht uns zu einer bloßen biologischen Kategorie, wo unsere Berufe, unser Lebensstil und unsere Individualität keine Rolle mehr spielen. Die Gefahr, daß Frauen aus der Mittelschicht sich armen Frauen und Arbeiterinnen gegenüber nur als Missionare oder als Aktivistinnen für Gesundheitsfürsorgereformen verhalten könnten, ist relativ gering, da die Frauen der Mittelschicht sich immer mehr ihrer **eigenen** Unterdrückung durch den medizinischen Apparat bewußt werden. Das Wachsen eines feministischen Bewußtseins gibt uns die Möglichkeit, zum ersten Mal in der Geschichte eine egalitäre Frauengesundheitsbewegung der breiten Massen aufzubauen.

Es wäre aber naiv, anzunehmen, daß — weil alle Frauen Sexismus im Umgang mit der Medizin erfahren — auch alle Frauen jetzt die gleichen Bedürfnisse und die gleichen Prioritäten hätten. Die Klassenunterschiede in der Art der Behandlungsweise von Frauen in der Medizin mögen heute nicht so kraß sein wie vor 80 Jahren, aber sie sind immer noch da. Für schwarze Frauen überdeckt der medizinische Rassismus oft den medizinischen Sexismus. Für arme Frauen aus allen Bevölkerungsgruppen ist das Problem, wie sie an irgendwelche medizinische Fürsorgeleistungen herankommen können, oft sehr viel wesentlicher als qualitative Erwägungen. Und für alle von uns — außer den wohlhabendsten — bleibt die dauernde Unruhe, ob die Fürsorge, die wir bekommen, den geringsten Normen technischer Zulänglichkeit entspricht — ganz abgesehen von Annehmlichkeiten wie Würde und Höflichkeit.

Eine Bewegung, die unsere biologische Ähnlichkeit erkennt, aber die Verschiedenheit unserer Prioritäten leugnet, kann keine Frauengesundheitsbewegung sein, sie kann nur die Gesundheitsbewegung **einiger Frauen** sein. Zum Beispiel ist es wichtig, eine würdigere und beteiligtere Art der Geburt zu fordern. Aber sich auf diese Forderung zu konzentrieren, daß es möglich sein muß, die wundervolle Erfahrung der Geburt zu erleben — während tausende von Frauen nicht einmal zulängliche Nahrung während der Schwangerschaft bekommen, und sie auch keine Möglichkeit haben, an die Mittel zur Verhütung ungewollter Schwangerschaft zu kommen — ist schlimmer noch als naiv: es ist grausam.

— Es ist sehr leicht zu sagen, daß wir die Verschiedenheit der Bedürfnisse von Frauen erkennen müssen und daß die Forderungen, die wir an den medizinischen Apparat stellen, die größte Bandbreite von Erfahrungen von Frauen repräsentieren müssen. Aber wenn wir einmal anfangen, über die Bedürfnisse zu sprechen, die über die schieren Lebensnotwendigkeiten hinausgehen (Verhütung, Krebsvorsorge etc.) dann befinden wir uns nicht mehr auf festem Boden. Wieviel von unserem ‚Bedürfnis' ist künstlich und wieviel ist echt? Zum Beispiel trägt die medizinische Handhabung von Schwangerschaft viel zu unseren Ängsten bezüglich der Schwangerschaft bei, und Angst kann eine kleine Unpäßlichkeit in ein dringendes **Bedürfnis** nach medizinischer Beachtung verwandeln. Das ‚Bedürfnis' ist zwar im Augenblick sehr echt, aber in gewisser Weise ist es künstlich hergestellt, um unsere Abhängigkeit von dem medizinischen Apparat zu zementieren. Oder, vielleicht noch allgemeiner, es liegt an unserer schlichten Unwissenheit über unseren Körper, daß wir Informationen und Bestärkung suchen, wenn Fürsorge gar nicht notwendig ist — was auch ein Fall von hergestellter Abhängigkeit ist. Andererseits können wir — trotz unseres Ärgers darüber, daß wir als ‚psychosomatisch' abgeschoben werden, wenn wir uns tatsächlich krank fühlen — nicht ausschließen, daß manche Frauen Krankheit als Flucht aus ihrer Unterdrückung als Arbeiterinnen und Ehefrauen benutzen. Sie sind nicht unehrlich, sie tun nicht nur so als ob. Unsere Kultur drängt uns dazu, Widerstand in Form von ‚Krankheit' auszudrükken, genauso wie sie uns dazu drängt, offene Rebellion als ‚krank' zu sehen. Die Unterdrückung ist echt; der Widerstand ist echt; aber die Krankheit ist künstlich.

Wie ‚krank' sind wir denn dann als Frauen? Wieviel unserer Abhängigkeit von dem medizinischen Apparat ist also biologische Notwendigkeit und wieviel ist gesellschaftliches Kunstprodukt? Wir haben vorher schon über den Widerspruch zwischen unserer Ablehnung der medizinischen Ideologie und unserer tatsächlichen Abhängigkeit von der medizinischen Technologie gesprochen. Aber wieviel von dieser Abhängigkeit ist real? Sind wir von der Ideologie, die uns immer auf irgendeine Weise als krank bezeichnet, so geblendet worden, daß wir unsere Abhängigkeit nicht mehr definieren können?

Die Frauenbewegung ist in dieser Frage immer sehr ambivalent gewesen. Es gibt Feministinnen, die leugnen würden, daß Frauen in irgendeiner speziellen Form anfällig sind: sie sehen Menstruationskrämpfe, Übelkeit während der Schwangerschaft und all das, als von der Kultur hervorgebracht, ‚heilbar' durch eine richtige Dosis Selbsterfahrung und eine kurze Einführung in die Physiologie. Jedoch gibt es auch Feministinnen, die sich überhaupt nur mit den Qualen der Menstruation, nachgeburtlichen Depressionen und den Wechseljahren beschäftigen. Und wieder andere finden, daß die Schwangerschaft so gefährlich und erniedrigend ist, daß wir uns enthalten sollten, bis es Babies aus dem Reagenzglas gibt. Und es gibt Feministinnen, die behaupten, zu gebären ist eine so gesunde und schöne Erfahrung, daß sie als der Höhepunkt der Erfahrungen einer Frau angesehen werden muß. Wir scheinen hin und her zu schwanken zwischen dem Vorwurf, daß der medizinische Apparat uns behandelt, als ob wir krank seien und dem Vorwort, daß er nicht anerkennt, wie krank wir sind!

Das Problem ist, daß alles, was wir sagen, gegen uns verwendet werden kann und wird. Wenn wir sagen, daß Menstruation qualvoll und lästig ist, dann werden Frauen willkürlich von Berufen ferngehalten, die Konzentration und Verantwortung erfordern. Wenn wir sagen, daß wir sie gar nicht spüren und daß wir genauso durchgängig gesund sind, wie Männer es angeblich sind, dann müssen Frauen dieselben Gewichte schleppen und genauso lange arbeiten wie Männer, egal wieviel Schmerzen sie aushalten müssen. Wenn wir sagen, daß die letzten Monate der Schwangerschaft schwierig sind, dann werden wir beim ersten Anzeichen eines dikken Bauches gefeuert. Wenn wir sagen, ,,Schwangerschaft ist keine Krankheit', dann müssen wir bis zu letzten Minute eine 40-Stundenwoche hinlegen. Es gibt für uns tatsächliche Gefahren — für uns alle — sowohl wenn wir die Bedürfnisse der Frauen untertreiben als auch, wenn wir sie übertreiben.

— Es gibt keinen ,richtigen Zugang' zu unserem Körper. Es gibt auch keine Möglichkeit, unsere ,echten' Bedürfnisse, unsere ,echten' Stärken und Schwächen zu bestimmen, jedenfalls nicht in einer sexistischen Gesellschaft — und noch viel weniger können wir begreifen, was ,weibliche Natur' sein könnte. Wie können wir uns selbst kennen, wenn die einzigen Bilder, die wir haben, von einer unterdrückerischen Gesellschaft entworfen sind?

Es gibt für uns keinen Weg zu unserem Körper, auch nicht in den weiblichen ,Subkulturen', die wir uns schaffen, wenn wir es genau nehmen, denn nicht unser **Körper** ist das Problem, das Problem ist die Biologie. Das Problem ist Macht, in all den verschiedenen Formen, in denen sie uns betrifft. Wir könnten zum Beispiel endlos darüber diskutieren, ob Spannungen vor der Menstruation ,echt' oder psychosomatisch sind, ob die letzten Monate der Schwangerschaft uns stärken oder schwächen. Aber die eigentliche Frage ist doch: Wer entscheidet über die Konsequenzen? Wir könnten uns über der Frage der Geburt die Köpfe einrennen, ob es ‚gesünder' und befreiender wäre, Babies aus dem Reagenzglas als auf ‚natürliche' Weise zu bekommen. Aber wer entscheidet, welche Möglichkeiten uns schließlich offenstehen? Und was noch wichtiger ist, wer beherrscht den gesellschaftlichen Kontext, in dem Geburt stattfindet — die Möglichkeiten Abtreibungen zu haben, auf der einen Seite, und die Möglichkeiten von Kindertagesstätten auf der anderen? Das heißt nicht, daß wir keine konkrete Information über unsere Biologie und unsere Gesundheitsbedürfnisse mehr brauchen. Wir brauchen sie. Wir müssen viel mehr wissen: über die Gefahren, die speziell für Frauen ein Beruf mit sich bringt, über die tatsächlichen emotionalen Abläufe während Menstruation und

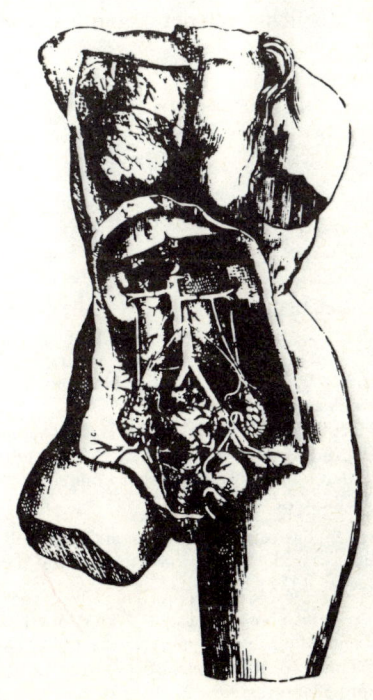

Schwangerschaft, über die möglichen Gefahren der verschiedenen Verhütungsmethoden und über viele andere Bereiche, die bisher von der Medizin ignoriert oder entstellt worden sind. Aber in unserem Drang, mehr von unserer eigenen Biologie zu verstehen, müssen wir um unserer selbst willen niemals aus den Augen verlieren, daß es nicht die **Biologie** ist, die uns unterdrückt, sondern ein Gesellschaftssystem, das auf der Herrschaft aufgrund von Geschlecht und Klasse aufbaut.

Für uns ist dies die am tiefsten befreiende feministische Erkenntnis — das Verständnis darüber, daß unsere Unterdrückung gesellschaftlich und nicht biologisch bestimmt ist. Diesem Verständnis entsprechend zu handeln heißt, mehr zu wollen als ‚die Herrschaft über unseren eigenen Körper'. Es heißt, die Herrschaft über alle die gesellschaftlichen Bereiche, die uns Möglichkeiten eröffnen, und die Herrschaft über alle die gesellschaftlichen Institutionen, die jetzt unsere Möglichkeiten definieren, zu fordern.

### Anstelle einer vollständigen Bibliografie

Da die Autorinnen eine umfangreiche Bibliografie aufführen, die zumeist aus älteren amerikanischen Werken besteht, die bei uns nicht erhältlich sind, beschränken wir uns auf die Angabe von
a) den Werken, die in Deutsch erschienen und im Handel sind,
b) den wenigen Werken, die original, d.h. in Englisch in den Staatsbibliotheken ausgeliehen werden können. Diese Bücher können auch über die lokalen Stadtbüchereien bestellt werden.

a) Chesler, Phyllis: Frauen, das verrückte Geschlecht, Rowohlt, 1974
Szasz, Thomas: Geisteskrankheit, ein moderner Mythos, Kindler, Reihe Geist und Psyche, Bd. 2153

b) Seaman, Barbara: Free and Female, Bantam, New York 1972
Frankfort, Ellen: Vaginal Politics, Bantam, New York 1972
Complete Works of Theodore Roosevelt, Bd.19, Kap. 12
Sanger, Margret: Women and the New Roll, 1920

Des weiteren wird auf Sigmund Freud: Gesammelte Werke, verschiedene Erörterungen zum Thema Hysterie verwiesen.